이왕 사는 거
신나게 사장 한번 해보자!

이왕 사는거 신나게 사장 한번 해보자!

초판 1쇄 인쇄 | 2015년 12월 11일
초판 1쇄 발행 | 2015년 12월 21일

지은이 | 박현순
기획 | 이원희
교정/편집 | 김현미 / 권윤미 이수영
표지 디자인 | 권윤미
펴낸이 | 서지만
펴낸곳 | 하이비전

신고번호 | 제 305-2013-000028호
신고일 | 2013년 9월 4일 (최초 신고일 : 2002년 11월 7일)

주소 | 서울시 동대문구 신설동 97-18 정아빌딩 203호
전화 | 02) 929-9313
홈페이지 | hvs21.com
E-mail | hivi9313@naver.com

ISBN 978-89-91209-48-0 (03320)

값 13,000원

신나게 돈 버는 청년 사장학 입문서!

이왕 사는거
신나게
사장 한번 해보자!

박현순 지음

🔲 하이비전

선택과 집중은 작은 기업의 출발이다

많은 이들이 사장을 꿈꾼다. 최근에는 국가적으로도 '창조 경제'라는 표현을 내걸고, '고용 창출 없는 발전'을 고민한다. 이를 다르게 표현하면 '1인 창업의 장려'라고 할 수 있다. 현 대한민국의 어쩔 수 없는 구조 때문일 것이다. 내수 시장이 작고 대기업에서 감당할 수 있는 고용 창출 능력도 한계에 도달한 듯하다. 이런 상황에선 궁여지책으로 1인 창업을 권장할 수밖에 없는데, 사실 잘만 된다면 경제 불황의 타개책으로 1인 창업의 도전적인 분위기는 최고의 답이 될 수 있다.

독립적이고 강인한 정신력으로 자신이 지닌 아이디어를 생동하게 할 최적의 인물은 사장 자신이기 때문이다. 인터넷으로 유통망을 확보하기도 어렵지 않아 적은 자본으로 해외 업체와 거래를 손쉽게 할 수 있는 구조적 환경도 마련되어 있다.

우리가 얼마나 능동적으로 접근하느냐에 따라 세계 시장이 무한대로 열릴 수도 있고, 패러다임의 전환에 실패하여 끝없는 침체를 속수무책으로 인내해야 할 수도 있다.

그런데 최근 기사를 보니 창업을 하려는 이유 중 1위가 의외로 너무도 단순했다. 그저 '막연히 창업을 한번 해보고 싶어서'라는 것이었다. 평생 월급쟁이로 살다가 보니 맺힌 것이 있어 그랬을까? 그래서 특별히 어떤 사업을 확장해보겠다는 포부가 아니라 그저 사장 자리에 한번 앉아보고 싶었던 것일까? 심지어 전체 응답자의 81%가 '언젠가 창업할 계획'이라고 밝혔다.

하지만 이러한 바람과 달리 현실에서 창업 후 성공으로 이어지기란 그리 녹록하지 않다. 특히 실무 경험이 적고 사회적 인맥도 제대로 확보하지 못한 청년 창업의 경우엔 더더욱 치밀한 준비가 필요하다. 단순히 젊었을 때 직무 경험을 쌓기 위해 창업해보고 싶다는 의견도 많지만, 실패를 인정해주지 않는 사회 분위기상 함부로 도전하기는 어렵다.

결국 도전적이고 역동적인 사회 분위기를 끌어내려면 창업을 관대하게 보아주고, 실패 확률을 낮추기 위해 창업 멘토가 필요하다는 의견도 있다.

이러한 일련의 기사들을 읽고는 생각이 깊어졌다. 내가 해줄 수 있는 일도 있을 듯했다. 어쩌면 야심 찬 청년 사장 지망생이나 여전히 사업을 망설이는 회사원들에게도 내 나름의 노하우를 소개하는 것이 나

쓰지 않은 일이라고 판단했다.

돌이켜 보면 나는 22세부터 26세까지 첫 직장이자 마지막 직장인 개인 무역회사에서 많은 것을 배웠다. 그곳에서 사장 아닌 사장으로 스스로를 생각하며 참으로 많은 일을 주도적으로 경험했다. 그렇게 짧았지만 특별했던 직장생활을 하고 사업가로 독립했다. 나는 1986년에 동원무역으로 시작했다. 사업을 본격화하면서 1992년 동원세라믹으로 상호를 변경하고는 지금까지 쉼 없이 달려왔다. 그리고 우리 회사는 화장실과 욕실 제품을 내어놓으며 IMF 때도 성장을 멈추지 않았다.

30년 동안 사업을 하면서 큰 부침도 없었다. 그 와중에 6리터 절수형 양변기를 개발하고 국내 유수의 상을 타는가 하면, '보여주고 싶은 욕실'이라는 문구를 내걸어 패러다임의 새로운 변화를 이끌어냈다. 지금 우리 동원세라믹(인터바스)은 이 분야의 중견 기업으로 성장하여 실력과 명성 면에서 튼튼하게 자리 잡고 있다.

한마디로 선택과 집중 덕분이다. 내가 가장 재미있게 할 분야에 푹 빠지다 보니 해당 분야에서 경쟁력을 갖출 수 있었고, 이 분야의 미래를 분석해본 뒤 승부를 걸었기에 지금의 안정적인 성공이 가능했다. 요즘같이 경기 침체가 길어지는 시대에는 그저 살아남기만 해도 훌륭하다는 소리를 듣는데, 그런 점에서 보면 큰 부침 없이 성장해온 작은 기업 사장으로서 사업 경력 30년을 의미 있게 소개해도 무방할 것이다.

한 분야에서 튼튼한 기술력을 바탕에 두고 성장하는 작은 기업, 그 경험만을 소개하더라도 지금 첫발을 내디디려는 사장 지망생들에게 참고가 될 것으로 믿는다.

선택과 집중은 작은 기업의 출발이기 때문이다. 그리고 그것은 모든 사장 지망생이 첫 번째로 이루어야 할 목표이기도 하다.

그래서 사업가 시절 30년을 되돌아보며 사장 지망생에게도 유용할 경영 에세이를 집필하기로 마음먹었다.

나는 작은 기업 현장에서 사장 실무를 충실히 익혔다. 그렇기에 경영 컨설턴트나 대기업 총수의 조언과는 약간은 다를 수 있다. 작은 기업과 대기업은 엄연히 다르고 각자의 생존 전략이 있기 마련이다. 더구나 작은 기업을 경영하는 방법에도 저마다 차이가 있다. 그래서 이 책에서는 그것을 다 아우르기보다는 내가 확실히 검증한 나만의 이야기를 할 것이다. 사장 지망생이라면 여러 권을 참고할 것이고, 여기 쓰인 검증된 하나의 방법으로 받아들이면 될 것이다.

그저 이 책에서 내가 제시한 것보다 더 많은 것을 건져가길 바란다. 보려고 하면 보일 것이고, 하고자 하는 사람에게는 굴러가는 돌도 돈을 벌 단서가 된다. 그러니 나는 성심껏 말할 것이고, 독자 여러분은 의미 있게 읽어주기를 바란다.

박현순

1부 사장은 준비한다

1장 : 용기와 배짱을 키워라

2장 : 스윙 연습을 하고 있어야 대타 기회 때 홈런 칠 수 있다

3장 : 재미있는 일을 해야 성공한다

4장 : 미래의 사장님을 위한 명심보감

2부 사장은 실천한다

1장 : 망하지 않는 사업이 진짜 사업이다

2장 : 결국 품질이 본질이다

3장 : 회사의 모든 것을 디자인하라

3부 사장은 항상 꿈을 꾼다

1장 : 건강한 기업인이 되기 위하여

2장 : 우리의 브레인이 해외로 나가야 한다

3장 : 사장의 성공 열망과 아이디어는 생동한다

신나게 돈 버는 청년 사장학 입문서!

1부

사장은
준비한다

용기와 배짱을 키워라

사장이 되려면 우선 사장이 되기 전의 자신이 있을 것이다. 그들은 대개 직장인이거나 대학생일 것이다. 사장 지망생일 그들에게 가장 먼저 말해주고 싶은 것은 지금 자신이 서 있는 곳의 경험이 사장이 된 후에도 크게 도움이 된다는 점이다. 말하자면 선택과 집중은 어쩌다 보니 나오는 경우도 꽤 많다. 월급을 받으며 하던 일을 계속 하다 보니 그것에 관해선 자신 있고 또 사업의 밑천이 되는 인맥 역시 직장에서 쌓는 경우가 많다.

:: 경험의 숯은 오래도록 그윽한 향을 뿜는다

특히 내 경우에는 사업을 하기 전, 단 한 번의 직장 경험이 일종의 특급 과외였다.

전문대 디자인과를 졸업하고 회사를 들어가고 싶어 여러 군데 입사 지원서를 넣었지만 한 군데서도 불러주지 않는 상황이 지속되었다.

그러다가 'W 인터내셔널'이라는 작은 무역회사의 채용 공고를 보게 된다. 조그만 신문광고였는데 운 좋게 눈에 띄었다. '직원 4년제 대졸 이상 무역 팀 구함. 목공기계, 볼링 기자재, 무역 오파.' 당시는 경제 호황기로 무역 붐이 일었다. 나는 어떻게든 기회라도 얻어 그곳에서 무역 실무를 배우고 싶었다. 하지만 4년제 대학졸업자나 졸업예정자가 지원할 수 있었기에 애초에 자격미달이었다.

그럼에도 개의치 않았다. 무역상사에서 꼭 일해보고 싶다는 생각이 들었고, 그냥 무작정 지원서를 제출했다. 그러고는 면접 보는 날 양복을 잘 갖추어 입고 회사로 찾아갔다. 비록 적은 확률이더라도 일단 용기 있게 도전해보기로 했다. 그만큼 일을 배우고 싶은 마음이 간절했다. 뭐든 시켜준다면 기꺼이 하겠다는 생각뿐이었다. 그리고 그 마음을 짧은 면접 때 전달하기 위해 노력했다. 어떻게 하면 강렬하게 나를 드러낼 수 있을까 집에서도 고민했다. 결국 가장 높은 책임자의 눈을 보면서 직접 전달하는 것이 중요하다고 판단했다. 그래서 정식 면접시험이 끝날 무렵 사장님을 뵙고 꼭 드릴 말씀이 있다고 면접관에게 부탁했다. 마침 화장실을 지나시던 사장님께서도 면접장에서 일어나는 일을 흥미로워 했다. 그 덕분에 기회를 얻는 데에 성공했다. 나는 그 기회를 최대한 활용하고 싶어 가능한 한 일목요연하게 나를 설명하려고 했다. 그때 고민해서 나온 말을 여기에 적어보면 다음과 같다.

"금년 나이 22살 2년제 전문대밖에 졸업 못한 박현순입니다. 사실 중고등학교 때 공부에 취미가 없어 4년제 대학을 나오지는 못했습니다. 그렇다고 무조건 논 것은 아닙니다. 중학교 때는 제가 하고 싶어 했던 전자제품 조립도 하고 특히 탁구 운동이 재미있어 새벽까지 탁구장에서 많은 시간을 보냈습니다. 또 고등학교 때는 영화배우학원과 드럼학원을 다니는 등 남보다 잘하는 것이 있습니다. 제가 하고 싶은 일에는 최고가 될 때까지 깊이 빠지는 성격입니다. 제가 이 회사에 지금 당장 도움이 될 수는 없겠습니다만 입사 기회를 주시면 새벽부터 나와서 창문과 책상을 닦는 일부터 시작해서 꼭 없으면 안 되는 필요한 인재가 되도록 열심히 하겠습니다. 월급은 안주셔도 됩니다. 제가 그 가치가 있을 때 주시면 되고요. 저는 다른 것은 부족한 것이 많지만 의리 하나는 있습니다. 꼭 사장님의 오른팔이 되겠습니다. 출근할 기회를 주십시오."

아마도 재미있는 청년이라고 여기지 않았을까? 사장님의 눈

빛이 달라지는 것 같았고 웃음을 지으시며 "정말 월급을 안 받아도 괜찮겠어?"라고 내게 되물었던 순간이 기억난다. 내 말에 긍정적으로 반응해주는 순간을 얼마나 그리고 그렸던가!

사장님은 내가 그토록 바라던 답을 말해주었다. "내일부터 나와서 배워봐"라고.

사장은 내 용기와 배짱을 높이 샀던 셈이다. 만일 그때 용기와 배짱이 없었다면 20대는 다른 길을 걸었을지도 모른다. 어쨌든 나는 그때 용기를 냈고 사회초년생으로서의 내 각오를 사장님에게 배짱 있게 말했다. 그리고 기회를 얻어낸다.

이 직장이 내 인생의 첫 직장이자 마지막 직장이었다.

:: 내공의 시작은 약속 지키기다

그렇게 입사했으니 사람들에게 입소문이 나기 마련이다. 내 말에 책임을 져야 했다. 나 역시 그러고 싶었다. 단순히 연출된 행위로 일단 취직만 하고 보자는 심산이 아니었다. 언젠가는 회사에 기여하는 중요한 인물이 되어 나를 뽑아준 사장님께도 보답하고 싶었다.

무엇이든 할 준비가 되어있었다. 물론 신입사원에게 주어진 일은 한정적이었고 그들의 기대치 역시 높을 순 없었다. 지금도 사무실 앞에서 두 번째 출근자를 기다리며 추위에 떨던 겨울이 생각난다.

첫 출근 날은 겨울의 어느 날이었다. 그날은 평소보다도 더욱 추웠다. 멋이란 멋을 다 내고 신정동에서 한남동까지 1시간 반 동안 '콩나물버스'를 2번 갈아타고 회사 문 앞에 제일 먼저 도착했다. 그런데 열쇠가 없어 사무실에 들어갈 수 없었다. 지금도 그 순간의 설렘과 각오가 종종 생생하게 떠오른다.

사무실 문이 열리고 본격적인 업무를 시작하기 전, 나는 꽁꽁 언 걸레를 찬물로 녹여가며 청소부터 했다. 이 책상 저 책상 다니면서 내게 심부름시킬 것 없는지 묻고 다녔다. 또한 선배가 외출할 때면 "같이 따라 다니면 안 되나요?"라고 묻곤 했다.

금세 나는 인기 있는 막내가 되었다. 자연히 '매일 제일 먼저 출근하고 제일 늦게 간다'는 이유로 회사 열쇠는 내 차지가 되었다. '회사에서 나를 믿고 열쇠를 맡긴다'는 것에 기뻐했던 그 순간이 지금도 생생하다. 입사 10일이 지나서 받은 가장 큰 선물인 셈이다. 그제야 진짜로 회사의 직원이 된 듯한 기분이 들었다.

일요일에도 회사에 나갔다. 자발적이었다. 회사를 내 집처럼 생각한 덕분이다. 그러지 않고는 휴일까지 회사에 자발적으로 나가긴 어려웠을 것이다. 사실 회사를 다니기 전에는 친구들과 어울리는 것에 시간을 많이 할애했지만, 회사를 다니면서부터는 회사에 푹 빠져 지냈다. 정말 제대로 뭔가를 할 줄 아는 사람이 되고 싶었다. 무언가에 최고가 되고 싶었다. 자연히 이를 위해 나의 전력을 쏟아야 했다. 그동안 친구 좋아하던 내가 완전히 다른 사람이 되어 있었다.

회사에 나가서 딱히 할 일을 찾지 못하면 청소를 했다. 그러면서 생각에 잠겼다. 앞으로 이곳에서 무엇을 배우고 이룰 것인지 마음속에 그려보곤 했다. 뭐든 헛되이 흘리지 않고 배우고 또 배울 것을 작심했다. 그런데 그때마다 청소는 의외의 도움을 주었다. 스님들이 청소를 하거나 설거지를 하면서도 수행한다고 하던데, 그것이 무엇을 의미하는지 어렴풋이 느낄 수 있었다. 샘플쇼룸을 대청소하고, 직원들 책상 하나하나를 정리하다 보면 문득 선배님들이 무슨 일을 하고 있는지 느낄 수 있었기 때문이다. 마지막에는 회사의 카탈로그나 문서들을 정리하면서 업무를 이해하고자 저녁 늦게까지 있곤 했다.

월요일 아침이 되면 선배들이 출근해서 자기 책상을 보고는 의아하게 생각하기도 했다. 분명 토요일에 퇴근할 때는 자기 책상이 그렇게 깨끗하지는 않았기 때문이다. 그들은 자기 책상

들이 정리되고 깨끗한 모습을 보며 "누가 한 것이냐?"고 물었지만 난 그저 눈빛으로 대답할 뿐이었다.

그날 이후부터는 직원들이 퇴근 전 자기 책상을 정리하고 퇴근하는 모습으로 바뀌기 시작했다.

:: 하기에 따라 사소한 일도 결코 사소하게 끝나지 않는다

당시 나는 그야말로 회사의 소소한 일부터 꺼리지 않고 경험하려고 했다. 이것은 모든 사장 지망생에게도 권하고 싶다.

자신이 앞으로 사장이 될 것이라는 계획을 미리 세우고는, 금방 사장이 될 것이란 생각에 들떠 기본기를 도외시한다면 안 될 일이다. 열심히 하려는 사람은 예뻐 보이고 꾀부리는 사람은 조금 얄미워 보이기 마련이다.

내 경우엔 어느 것 하나 허투루 흘리지 않으려고 노력했다. 탄탄한 기본기는 온통 사소한 것들로 이뤄졌다. 그것을 제대로 갖추려면 꾀를 부려서는 안 된다. 결국 좋은 사장은 사소한 일에 대한 성실함과 겸허함이 얼마나 중요한지 안다. 결국 무수한 직장인들이 중요한 프로젝트의 작고 번잡한 일부터 수행해

낸다. 그 과정을 제대로 알려면 당연히 겉으로 표 나지 않는 일부터 해보면서, 작업자들의 마음을 알아보는 것이 필수적이다. 경험한 것을 깊이 익히려면 철저하게 경험하는 수밖에 없다. 대충해서는 될 일도 안 된다.

나는 한 직장에서 참으로 많은 경험을 했다. 물론 수십 년 동안 한 직장에서 생활했다면 절대적인 수치로 볼 때 그 사람보다 내가 더 많은 회사원 생활을 했다고 말하긴 어렵다. 하지만 치열하게 짧은 순간을 지냈고 그 덕분에 많은 경험이 내 몸에 깊이 새겨져 평생 꺼내서 참조할 수 있는 소책자가 되었다. 이를 위해 내가 한 것은 매순간 충실했다는 것밖엔 없다.

그러니 주변의 모든 일이 공부지만 사업을 하기로 마음먹었다면, 직장에서 어렵고 번잡하여 모두가 피하려고 하는 일부터 꼼꼼하게 해볼 필요가 있다. 그러한 일은 새로 시작한 사업에서도 있기 마련이다. 그런 점에서 오히려 모두가 피하는 일까지 다해보아야 한다. 그래야 훗날 직원들의 소소한 애로사항까지 파악할 수 있다. 때로는 그러한 세심함으로 직원들을 감동시킬 수도 있고, 회사의 잘 드러나지 않는 낭비 역시 민감하게 알아챌 수 있게 된다.

입사한 지 한 달 무렵의 일이다. 어느 날 사장님은 이태리 타일 카탈로그 한 권을 내게 내주었다. 그러고는 을지로에 가면 타일가게들이 많으니 가서 보여주면 된다고 했다. 타일 제품 구매처를 찾는 일이었다. 여전히 신입일 뿐인 직원에게는 분명 벅찬 일이었다. 더구나 이 일은 당시로써는 더더욱 그랬다. 지금이라면 큰 문제가 되지 않을 수도 있다. 무역상사에서는 원래 샘플이나 카탈로그만 가져가 물건을 사도록 제안하면 되기 때문이다. 만일 구매자와의 계약이 성사되면 해외에 주문을 넣어 납기일에 맞춰 제품을 수입해주는 일을 한다. 혹은 주문자를 대신해서 해외의 구매처를 확보해주기도 한다. 그러니 이 일이 지금으로선 무리한 요구는 아니었다.

하지만 당시엔 이 분야의 가게 사장들이 이를 공감하기 어려웠다. 이러한 신용거래의 경우 80년대 초반에는 익숙하지 않았다. 특히 을지로에 주로 있던 작은 타일가게 사장님들로서는 이러한 신용 거래를 해본 적이 없었기 때문이다. 이런 상황에선 사실 타일 제품을 보여주고 창고를 방문한 뒤 계약하는 것이 좋았다.

나는 넌지시 사장님에게 "우리 창고는 어디 있느냐?"고 물어보았다. 사실 당시 우리 회사의 사정이 좋지 않아서 물건을 직접 들여와 창고에 쌓아둘 수가 없었다. 사장은 담담했다.

"창고는 이태리에 있지. 주문만 받아와라. 중도금 받아오면 그것으로 무역하는 거다."

고객은 선생이라면서 그냥 가서 카탈로그를 보여주라고 했다. 어쨌든 이태리에 창고가 있다는 것은 한국에 창고가 없다는 뜻이었다. 나는 한국 창고에 없는 제품에 대해 신용 장사하듯 오로지 샘플과 카탈로그로만으로 구매가능자를 찾아나서야 했다. 당연히 그동안 지속적으로 거래하던 이들도 없었고 이 업무를 내게 인수인계할 선임담당자도 없는 상태였다.

현실적으로 보자면 숨이 턱 막힐 만큼 무리한 일이었다. 악순환이었다. 물건이 없으면 물건을 팔 수가 없고, 그래서 물건을 들여놓지 않으면 주문이 없으니 물건 확보 작업이 필요하지 않았다.

만일 이때 이것이 무리한 일이라면서 회피하려고 했다면, 나는 아주 큰 기회를 잃었을 것이다. 사장을 꿈꾸는 사람들이라면 어려운 임무일수록 절호의 기회라는 점을 명심해야 한다.

당시 나는 재미있는 일을 맡았다는 생각에 기뻤다. 인정받았다는 느낌도 들었다. 타일은 우리 회사에서 나 혼자 하는 아이템이라 스스로 일일이 익혀야 했지만, 그래서 더더욱 좋았다.

임무를 받은 날 밤 나는 잠을 설쳤다. 다음날 아침 일찍 일어나 하얀 와이셔츠, 빨강넥타이, 파랑바지, 은색구두, 노랑 재킷, 007 검정색 가방을 들고 회사를 들른 후 을지로를 나갔다. 사장님이 처음 내게 내어주신 그럴 듯한 수행과제였다. 잘 해내고 싶었다.

그렇게 각오를 다지고 나섰건만 곧 위기가 닥쳐왔다. 을지로 2가 K타일에서의 일이다. 그 주변을 두리번거리고 있을 때 J 사장님께서 "뭐야? 들어와 봐."라고 할 때까지만 해도 좋았다. 그에게 설명하며 007가방을 열어 카탈로그를 한 페이지 한 페이지 넘기면서 보여주자, 그의 반응도 괜찮았다. 그런데 물건이 예쁘고 좋다면서 창고가 어디 있는지 묻는 것이다. 거기에 대고 나는 너무도 자연스럽게 "창고는 이태리에 있습니다"라고 했다. 그러자 거친 욕을 섞어가며, 별 황당한 녀석을 다 보겠다는 반응을 보였다. "야! 이 새끼야, 나가!"라고 호통을 치면서 '오퍼상 사기꾼 같은 것들'로 일갈했다. 그때 비로소 이 일이 예상했던 것보다 더 만만치 않다는 것을 깨달았다.

무척 당황했다. 일단 가게 밖으로 나왔지만 식은땀이 흐르는 것은 어쩔 수 없었다. 뒷골목에 가서 담배를 한대 피우며 진정하고는 옆 가게를 또 들어갔다. 몇 가게를 둘러보니 대부분 '물건을 가져오면 사주겠다'는 반응을 보였다. 한국 창고에 물건이 없는 상태에서 '먼저 계약이 성사되면 그때부터 해외 업체를 섭외해서 약속 날짜까지 물건을 공급하겠다'는 제안은 그들에게 황당하게 들렸던 것이다. 어떤 사장님은 나를 황당한 잡상인 취급을 하며 쫓아내기도 했고, 아예 대꾸도 하지 않는 분도 있는가 하면, 어떤 사장님들은 인내심 있게 들어주고는 나를 좋게 타이르기도 했다.

나는 그 다음날 그리고 그 다음날을 넘기며 매일 버텨야 했다. 여러 날 동안 많은 가게를 방문하며 명함을 주고받으며 시장 상황을 이해하려 했다. 약 6개월 동안 점심도 300원짜리 컵라면과 공깃밥으로 때워가며 을지로, 강남, 여의도 등 거래처가 될 만한 타일 가게, 공사 현장을 돌아다녔다. 현장에 계신 사장님과 관리자들에게 일일이 인사드리며 동생으로서 인생과 사회를 배우려고 하는데 조금만 도와달라며 물건을 팔려고 했지만, 결과적으로 단 한 번의 계약도 성사하지 못했다.

어느 날 사장님께서 상황이 좀 어떠냐고 물으셨고, 난 "우리가 한국에 물건이 있으면 잘 팔수 있을 것 같다"고 했다. 그러자 사장님은 "물건을 갖다 주고 돈 받는 것은 초등학교 나와도 다 할 수 있는 일"이라면서 "우리는 무역회사이기 때문에 카탈로그와 샘플을 갖고 영업을 하는 것"이라고 했다. 원론적으로 보면 맞는 말이었다. 무역상사에서는 원래 그런 일을 하는 거지만, 당시 을지로 사장님들도 그런 상황을 해주지 못해서 문제였다.

더구나 무역을 하려면 약 30년 전 기준으로 최소 1컨테이너 분량은 나와야 하는데 그 정도를 하려면 1,700만 원 상당의 계약이 이루어져야 했다. 1,700만 원어치의 주문을 받는다는 게 과연 가능할지 스스로도 의문이 들었다. 당시 내 월급이 14만 원할 때였으니 그 많은 주문을 따낸다는 것은 정말이지 쉽지 않은 과제 같아 보였다.

6개월 동안 정말 끈덕지게 돌아다니며 그분들에게 나를 알려나갔지만 솔직히 시간이 흐를수록 무의미한 일을 반복을 하는 것이 아닌지 의심이 들기도 했다. 매일 방문하는 거래처에서는 "누가 주문 좀 했니?"라는 인사로 대신하고 그 누구도 계약을 해주지 않았다. 그분들도 나를 반겨주면서 동시에 "안타깝지만 아무래도 쉽지 않을 거"라고 미안해했었던 기억이 선연하다.

"아직 젊은데 되지도 않을 일에 목숨까지 바칠 이유는 없다. 세상은 넓고 분명 더 가치 있는 진짜배기 일을 찾을 수 있다. 그러니 조금만 눈을 돌려봐라. 세상에는 더 좋은 직업이 많다. 너는 영리하고 똑똑해 보이니 잘 할 수 있을 것이다."

때로는 나와 밥을 같이 먹으며, 이런저런 인생 얘기를 해주며 진지하게 충고를 해주기도 했다. 내 성실함 덕분에 그들도 나를 걱정해주었고 그들 나름대로 나를 도와준 방식이었다.

부모님조차 당시의 내가 새벽에 잠꼬대하는 것을 보고는 걱정스러웠는지 무슨 일을 하냐고 물으시기도 했다. 사실 매일 사장님과 여직원은 저녁에 회사로 복귀하는 나를 보고 '혹시 무슨 좋은 소식이 없나' 하는 간절한 표정을 짓곤 했었다. 그 표정이 떠올라 밤마다 마음 편히 잠을 이룰 수가 없었다.

"힘내세요. 사장님, 제가 열심히 해서 사장님이 제게 월급 주실 수 있도록 하겠습니다."

스스로 호언했던 약속이 내 귓가에 맴돌았다. 그러다 보니 꿈까지 꾸게 된 것이다. 그 내막을 말씀을 드렸더니 부모님께서는 "물건 가져다주고 어음 받는 것도 어려운 것이 영업인데, 창고에 물건도 없이 무슨 그림 하나 가지고 물건을 파느냐. 아무래도 유령회사 같다. 사회 첫발 중요한데 그만 두고 다른 곳을 알아보라"고 하셨다.

:: 눈비 오는 날의 영업이야말로 독무대다

이런 상황에서도 나는 사장과의 의리를 저버릴 수 없었다.

당시 사장님은 줄담배를 피우곤 했다. 입술은 마르고 소금기가 잔뜩 묻은 것 같이 창백했다. 가맣게 변해가는 얼굴에는 수심이 가득해보였다. 안쓰러웠다. 반드시 임무를 멋지게 해내서 내게 기회를 준 사장님께 조금이라도 보답하고 싶은 마음뿐이었다.

그저 회사에서 내게 은혜를 베풀었다고 여겨서, 회사가 어려울 때야말로 회사를 위해 내가 뭔가를 해야 한다고 여겼다. 애초에 반듯한 회사원이길 바랐던 때다. 열심히 하면 사장님의 오른팔이 될 수 있을 것이라 생각했다. '충성'과 '의리' 같은 단어를 좋아했다.

사장님과 의견을 달리한 적이 없었다. 나의 보스인 사장님이 시키는 일이면, 그 임무를 완수하려고 최선을 다했다. 그의 말을 들어서 나쁠 것이 없다고 생각했다. 그래서 '열심히 하면 월급을 더 올려 주겠지'라는 일반적인 생각을 해본 적도 없고, 월급을 더 받았으면 좋겠다는 욕심 부린 적도 없었다. 그저 직장생활이 즐거웠다. 월급 받은 만큼만 일하려 한다면 어쩐지 내자신이 너무 작아 보일 것 같았다. 그래서 사장님만큼 일하고 사장님과 같은 생각으로 회사 일에 충성했다. 사장님이 나를 선택한 게 옳았다는 것을 증명해보이고 싶었다. 그런 이유로, 조금 어려운 일이긴 했어도 타일 계약 건을 보란 듯이 성사시키려고 노력했었다.

멘토도 없고 거래처도 하나하나 내 손으로 개척해야 하는 상황이어서, 온전히 나를 바친다고 해야 할 만큼 열성적으로 임했다. 일요일 오전에도 을지로를 돌면서 사장님들에게 인사를 드리고 허드렛일도 도와주곤 했다. 일요일에는 을지로에 나와서 영업하는 경쟁사 직원이 없으니, 온통 내 홈그라운드 같았다. 영업엔 경쟁사가 있기 마련인데 일요일에 그렇지 않았다.

영업맨은 한 사람의 고객이라도 더 많이 만나야 한다. 경쟁에서 이겨야 하기 때문이다. 마치 학창시절 기말고사 시험 보기 전 마지막 1분이라도 한 글자를 더 보기 위해 책을 놓지 않았던 심정으로 경쟁에 임해야 한다. 당시 나는 그렇게 했다.

일요일에는 타일 가게의 10분의 1쯤이 문을 열었는데 그 분들에게는 내가 을지로에서 함께 일하는 사람처럼 보였을 것이다. 나중에는 그런 나를 인간적으로 응원주곤 했다. 그렇게 일요일 오전을 보내고는 회사로 들어가곤 했다. 아무도 없는 조용한 사무실에서 나는 선배들의 책상을 닦아주며 미래를 그려보기도 했다.

평일의 이른 아침에도 을지로 거리를 내 독무대로 삼고 싶었다. 그래서 오전 5시 30분쯤 을지로부터 들르곤 했다. 그 시간

대면 보통 부지런한 거래처 사장님들은 가게 셔터문을 올리고 있었다. 그러면 나는 그곳으로 달려가 "일찍 나오셨네요!"라고 시원하게 인사하고는 셔터문을 함께 올렸다. 그렇게 자연스럽게 아침 청소도 도와드리곤 했다. 매일 이른 오전 시간에 2시간가량 청소를 도와 드렸다. 그러곤 회사로 출근했다. 회사는 을지로 거리에서 두 정거장만 가면 되는 거리에 있었다.

나는 출장카드를 찍자마자 샘플을 들고 또 을지로에서 온종일 영업시간을 보냈었다. 지금 돌이켜보면 내가 어찌 그런 생각과 행동을 할 수 있었는지 나 자신이 대견할 때가 있다. 눈이 오고 비가 오는 날이면 남들은 사무실로 들어가는데 나는 거꾸로 현장으로 나갔다.

억지로 하기 싫은 일을 목표로 정해놓고 한 것이 아니기에 가능했다. 그때 나는 누군가에게 큰 의미로 다가가길 막연히 원했을 뿐이다. 이것을 위해 반드시 거쳐야 할 일들을 해나가는 매일이 기뻤다.

사람의 몸에도 한계가 있기 마련인데, 단지 성공을 위해서 모든 걸 쏟아 붓는다는 것은 쉽지 않다. 그것이 생활이 되고 즐거운 일이 되어야만 한다. 억지로 사투를 벌이듯이 하는 일이 아니었으니 가능했다. 나는 그때부터 조금 다른 인생의 비전을 앞에 두고 새로운 게임을 시작했다.

나의 모든 것을 성공에 걸기로 결심한 뒤로 약속을 실천하는 것 자체가 무척 재미있었다.

원래 사장이 되려던 생각이 없었던 나 역시 진정한 전문가가 되려고 한 노력이 이러한데, 사장 지망생이라면 경쟁력을 얻기 위해 남들이 일하지 않을 때에도 일해야 할 것이다. 또한 24시간이 근무시간이라는 생각을 항상 가지고 있어야 한다. 일요일이 따로 있을 수 없다. 일이 생기면 나가는 것이다. 내 사업을 꾸려가면서 일일이 다 쉴 수는 없다.

특히 작은 기업 사장을 꿈꾼다면 일 자체를 즐겨야 한다. 남이 일 하지 않는 시간에도 언제나 상시 대기하며 꾸준히 사업만을 생각할 때라면 기본 요건을 갖추는 셈이다. 이 역시 일을 부담으로 여긴다면 결코 감당할 수 없는 조건일 것이다.

사장에게 일은 이미 일이 아니어야 하고, 모든 시간이 사장에게는 근무시간이자 일상이어야 한다. 이러한 훈련은 사장이 되기 전에 마쳐야 한다.

:: 절호의 기회는 지금 손에 쥐고 있다

물론 이러한 훈련을 깔끔하게 통과하는 경우만 있는 것은 아니다. 한번은 국내 취업 연수를 받던 한 젊은이가 '좋은 회사에 취직했다'면서 연락해온 적이 있다.

그런데 8개월 뒤 '내게 자문을 구하고 싶다'면서 면담을 요청했다. 그냥 일반적인 고민이라고 여겼는데, 만나서 이야기를 들어보니 그는 이직을 고민하고 있었다. 회사가 최근 판매부진으로 자금사정이 안 좋아서 회사 분위기가 어수선하다고 했다. 그러면서 자신은 이직을 준비하고 있는데 어떤 직종이 전망이 좋겠느냐고 묻는 것이었다.

나는 이렇게 되물었다. '8개월 전 좋은 회사에 취직했다고 했을 때 기뻐했던 일을 떠올려보았냐?'고. 동시에 '지금 자네는 자주 오지 않을 좋은 기회를 만났다'고 답해주었다. 아마도 그 사장은 당시 회사 사정 때문에 깊은 고민에 빠져있었을 것이다. 무척 외로웠을 수도 있다.

나는 그 젊은이를 독려했다. 지금도 늦지 않았으니 사장님에게 다가가서 "사장님, 제게 잔심부름이라도 시켜주십시오. 저는 회사가 어려워도 사장님 옆에서 같이 라면을 끓여먹는 한이 있어도 반드시 다시 회사를 일으키겠다"고 말해보라고 권했다.

나 역시 사회초년생 때 그랬었다. 그리고 사장과 나는 단 둘

이서 회사의 불씨를 되살릴 수 있었다. 이 사연을 읽는 독자 중에서는 '그렇게 하는 사람이 얼마나 있겠느냐?'면서 웃고 말 수도 있다. 그런데 다시 말하지만 그게 바로 성공의 비법이다.

모든 가능성의 불씨를 제대로 확인하지 않은 채 고정관념에 사로잡혀 그냥 덮어버리면 그것이 기회였는지조차 알지 못하게 된다. 많은 이들이 그런 기회를 놓치고는 자신에겐 기회 한 번 오지 않았다고 말한다.

운 좋게도 나는 그런 기회를 잡은 셈이다. 당시 우리 회사 사정은 그리 좋지 않아서 선배들이 하나둘 빠져나가 나중에는 나 혼자만이 사장님 곁에 있는 상황이었을 만큼 다른 뾰족한 대안이 없었다. 사장으로서는 끝까지 남아준 내게 고마워했지만, 보통의 경우라면 사장으로서 과연 그 일이 사업적인 가치가 있는지 진지하게 고려해봤을 수도 있다.

하지만 직장인의 입장에서라면 상황이 조금 달라진다. 그러한 고민은 아무래도 사장의 고민이므로 일단 일을 진행하라는 결정이 나고 자신의 임무가 되었다면 최선을 다해서 성과를 거둘 생각만 하면 된다. 그리고 그것은 오히려 절호의 기회다.

팔기 어려운 제품이었더라도 그것을 내 돈 들이지 않고 팔아볼 연습을 하는 것은 감사해야 할 일이었다. 사업을 하다가 보면 막연한 경우가 많을 텐데 거기에 얹힐 각종 부담 없이 오직 어떻게 하면 팔 수 있을지만 고민하면 되었다.

누가 봐도 쉽지 않아 보이는 일일수록 좋은 연습 재료가 될 것이다. 이때 되도록 자신이 주도하여 복잡하게 꼬인 실을 뜨거운 열정으로 풀어보는 경험이 중요하다. 고생하며 푼 문제가 오래 기억에 남고 진짜로 자기 것이 된다. 더구나 연차가 쌓여도 어려운 문제라면 모두에게 어려운 문제일 것이다. 그런 문제는 책임의 무게가 적은 신참일 때 많이 경험해보는 것이 좋다.

일단 문제를 풀어내면 자신만의 엄청난 경력이 될 기회일 수도 있다. 남들이 어려워서 못하거나 시장성이 없다고 외면했지만, 자신은 고생하면서 풀어낸 경험이 있기에 온전히 그 시장은 자신만의 홈그라운드가 될 수 있는 것이다.

예를 들어 내게 '화장실 분야로 이끈 타일' 관련 과제가 그랬다. 아무도 눈독 들이지 않았지만 30년 동안 적자 한 번 안 나게 해준 효자 종목이었던 셈이다. 그때는 몰랐다. 그저 최선을 다했을 뿐이다.

즉 어떤 일이든 어떻게 미래에 영향을 줄지 모르기에, 이왕이면 성공 사례를 남기려고 최선을 다하는 것이 좋다. 자신에게 주어진 일을 피하지 말고 오히려 사장 데뷔를 위한 절호의 기회로 여기고 적극적으로 임해보자. 그건 직장 생활에도 도움이 될 것이다.

:: 거절당하는 경험이 나를 키운다

성공한 사장이 되려면, '근성'이 있어야 한다. 끈기와 성실로도 표현할 수 있는데, 쉽게 지치거나 포기해서는 안 된다. 한번 마음을 먹을 때까지는 오래 검토해야겠지만 확신이 섰다면 그것의 성취를 위한 집념을 보여야 한다. 하루 이틀 내에 끝낼 생각을 하지 마라.

상황에 따라서는 빨리 물러서야 할 때도 있지만, 그것이 자신의 체질이어서는 안 된다. 세상에는 쉬운 일만 있지 않다. 또 돈과 관련된 일에서 쉬운 일은 거의 없다고 봐야 한다. 그 어려운 상황에서도 돈을 벌 길을 열어야 하는 것이 사장의 일이다.

번뜩이는 창조성?

좋은 말이다. 그러나 모든 경우에 번뜩이는 창조성을 발휘하며 남들이 미처 발견하지 못한 구석을 찾아내어 벼락부자가 되는 것은 기적과도 같다. 사장은 기적도 염두에 두고 창의적인 시장 창출에 투자해야겠지만, 결국 블루오션도 때가 지나면 레드오션이 되기 마련이다. 그래서 많은 경우 경쟁자가 즐비한 시장에서 자신이 뚜렷하게 우위를 점하지 않은 상태에서도 돈을 끌어올 수 있는 강인한 승부욕이 있어야 한다.

결국 끈기와 성실함, 강인한 승부욕이 생존을 위한 기본 무기가 된다.

그래서 한 기업에서는 신입사원들을 도로 중간에 내려주고는 '할당된 자사 제품을 팔아서 차비를 마련해 회사로 오라'는 과제를 내준다고 한다. 도저히 하기 어려워 보이는 막막한 일을 주는 것인데, 가능성이 작기에 투자할 만한 가치가 없다고 머리에서 합리적으로 진단하기 전에 일단 부딪혀서 느끼라는 것이 그 과제의 본래 의도일 것이다. 정말로 제품을 모두 팔아치우고 회사로 복귀한 사원이라면 모두에게 주목받을 것이다.

이때 불가능해 보이는 과제를 기발하거나 능수능란하고 담대한 영업력으로 헤쳐 나가는 것에 주목하게 된다. 그리고 또 하나, 신입사원이 어떤 방식으로 끈기 있고 성실하게 구매가능자에게 접근하여 신뢰를 얻어내는지도 살펴볼 수 있다.

내가 을지로와 여의도 등 타일 취급처를 돌아다니면서 6개월 동안 업체 사장님들, 담당자들과 신뢰를 쌓은 것도 좋은 예라고 할 수 있다.

　그런가 하면 조금은 처지가 바뀌어 내가 갑의 위치에서 해외 업체 직원과 가격 협상을 한 적이 있다. 나는 상대의 말을 전혀 이해하지 못했다. 그렇다고 적당히 한 뒤 포기하면 안 된다. 어떻게 해서든 만족할 만한 조건으로 계약을 성사시키겠다는 뚝심이 있어야 한다.

　당시 국제타일전시회가 스페인에서 열려서 나는 사장님과 함께 타일 수입을 위해 해외출장을 갔다. 전시회에서는 수백 개 업체가 부스를 차지하고는 최신 제품에 대해 설명하고 판매 계약을 했다. 이때 나는 제대로 된 영어 한마디 구사하지 못했다. 영어 울렁증 수준이 아니라 아예 영어 자체를 몰랐던 때였다. 나중에야 해외 바이어들과 친해지면서 영어가 많이 늘었다고는 하지만 이때는 전혀 그러질 못했다.

　사장님은 이틀 동안 60여 개 업체를 방문해서 물건을 살폈다. 좋은 물건을 싸게 사려니 대화를 많이 해야 했고, 이틀 동안 무리한 일정을 혼자 감당하려다 보니 몸살이 났다. 결국 방법이 없어 내가 다음날부터 나서려고 했다.

　"오늘은 제가 다닐게요. 사장님은 하루 동안 푹 쉬세요."

　사장님은 미덥지 않아 했다. 영어 한마디 못하는 직원이 협상을 하러 다닌다고 하니 그럴 수밖에 없었다.

"저를 믿으세요."

나는 큰 소리를 쳤다. 죽기 아니면 까무러치기였다. 그냥 전시회 부스를 찾아다니면서 손짓 발짓을 했다. 상대 직원들도 한국에서 온 업체 관계자를 위해 열성을 다해 설명했다.

불행히도 나는 그 외국어를 한마디도 알아들 순 없었지만, 그런 티를 내지 않고 차분히 고개를 끄덕였다. 감탄하는 표정도 가끔 지었다. 반응을 보이자 상대도 더욱 열성을 지니고 나를 설득했다.

나는 거기서 내가 아는 열 마디쯤의 영어를 총동원했다.

"너무 비싸!"

그러자 직원은 비싸지 않다고 설명하는 듯했다. 나는 계속 "으흠, 으흠, 아, 으흠"만을 반복하며 제품에는 관심이 있다고 반응했다. 그러자 직원은 수첩에 가격을 적어 제시했다. 거기에 대고 나는 또, "너무 비싸다"라고 말했다. 몇 번 이 과정을 반복하면서 그 직원과 나는 협상을 꽤 오래 했다.

"좋은 친구!"

나는 협상을 마무리하기 위해 이러한 표현을 영어로 반복했다. 결국 직원은 처음보다 낮은 액수를 수첩에 적어 주었다.

그래도 나는 "너무 비싸요"와 "좋은 친구"를 반복했다. 나 역시 내가 아는 영어를 혼신을 다해 짜낸 것이다. 결국 4달러짜리 제품 가격을 2.8달러까지 낮출 수 있었다. 사장님께서 그 전날 3.18달러에 비슷한 제품을 사려다가 실패했던 제품이었다. 영어를 몰라서 오히려 상대와의 협상을 유리하게 이끈 사례였다. 오로지 끈기만으로 가능했다.

모든 일은 어렵다. 뚝심을 지니고 지속하지 않으면 얻을 수 있는 성과조차 놓치게 된다. 이는 아무 밑천도 없는 청년이 사업을 시작할 때 특히 염두에 두어야 한다. 하나부터 열까지 모두 새로 해내야 하는 일이기에 뚝심 없이는 쉽게 포기할 수 있다.

:: 100%의 정성 한 번에 천 냥 빚을 갚는다

회사에서 어려운 임무를 맡아서 고민이 많다면, 다음의 세 가지를 상기하고 모든 수단을 강구해서 사장이 되기 전 훈련을 완수한다는 마음가짐으로 임해야 한다.

우리는 한 번에 끝나는 일을 어려운 일이라고 하지 않는다. 적어도 시행착오를 여러 번 겪고 심지어 실마리도 보이지 않는 기간이 얼마나 될지 장담할 수 없다. 그것을 견디고 즐기기 위해서 끈기를 지니고 멀리 바라보며, 상대를 감동시킬 성실함으로 무장해야 한다. 뛰어난 능력도 결국 끈기와 성실함을 이길 수 없다.

나 역시 6개월 동안 성사되기 어렵다는 생각을 하면서도 되든 안 되든 사장님들을 직접 만나서 인간적인 정을 쌓아나갔다. 여기서 그냥 6개월 동안 끈기를 지니고 기다리는 것만으로는 안 되고, 그들에게 성실한 모습을 비추어야 했다.

끈기가 없으면 이러한 성실 자체가 어려웠겠지만 끈기 있는 태도를 상대에게 보여주려면 구체적으로 성실한 모습도 필요하다는 것을 명심해야 한다. 이러한 끈기 있는 성실함은 '어떠한 천재적인 능력보다도 천재적으로' 사람의 마음을 움직이기 마련이다.

유머? 좋다. 매너? 좋다. 그러나 이 모든 것도 임기응변일 뿐이다. 결국엔 끈기 있는 성실함이야말로 가장 좋다. 그 진실한 모습을 보여줄 때 상대가 마음을 연다. 새로운 거래처나 시장을 개척하는 사장으로서는 가장 필요한 덕목이며, 그것의 실전 같은 모의 훈련을 직장인일 때 충분히 해두는 것이 중요하다.

• 둘째, 아날로그적인 감성이 윤활유 역할을 해준다.

항상 성실하게 다가가는 것이 중요하지만, 인간적 모습을 보이는 데는 조금 더 노력해야 한다. 연인 사이에도 진부한 순간이 있고 사업에서도 관례적이거나 일상적으로 되는 순간이 있는데, 모든 이들이 똑같은 노력만 하게 된다면 그 치열한 경쟁에서 내 이름을 기억시키기는 쉽지 않다. 그래서 나는 손편지를 썼다. 요즘에는 이메일을 많이 보내는 분위기지만, 지금도 직원들에게 손편지를 거래처에 보내도록 가끔 권유한다.

편지에 자신의 글씨체로 쓴 문장들. 때로는 다 써놓고 몇 자를 틀리는 바람에 다시 처음부터 쓰기도 할 것이다.

그냥 이메일이 아니라, 한 글자라도 직접 적는 흔적이 중요하다. 그것을 위해 쏟은 시간과 정성이 상대에게 느껴지리라 믿는다.

크게 돈 드는 일도 아니다. 그러면서도 그들을 성심껏 생각한다는 아주 세련된 흔적인 셈이다.

나 역시 타일 구매자를 찾기 위해 을지로의 사장님들을 찾아다녔을 때 손편지를 썼다. 밤마다 아무 성과 없이 퇴근하고 나면 허탈해서 그 마음을 달래는 의도도 있었을 것이다. 그래서 어느 때부턴가 집에 와서는 책상에 앉아서 타일을 사주실 잠재 구매자들 한분 한분에게 손편지를 정성들여 쓰기 시작했다.

"OOO 사장님, 오늘 오후 O시에 찾아뵈었던 W 인터내셔널에 박현순입니다. 바쁘신 와중에 시간을 내주셔서 감사했습니다. 제가 사회초년생이라 부족한 것이 많습니다만 이 다음에 크게 될 놈입니다. 막내 동생이라 생각하시고 잘 키워주시면, 제가 의리 하나는 있는 놈이니 그 은혜 잊지 않겠습니다."

아직까지 편지를 받아들고 싫다고 하는 사람을 보진 못했다. 또한 편지를 받아본 대부분 거래처에서는 나를 대하는 태도가 확연히 달라졌다. 그 덕분에 나 역시 더욱 신나게 영업활동을 할 수 있었다.

> • 셋째, 상대를 배려하며 동시에 자신을 기억하게 할 세심한 노력이 필요하다.

이것은 각자만의 노하우가 있을 것인데, 내 경우엔 패션, 향수 등을 들 수 있다. 일단 나를 만난 뒤에는 나를 잊을 수 없게 하려고 했다. 그래서 파란 바지에 하얀 와이셔츠, 빨간 넥타이와 노란 재킷을 입었다. 일명 태진아 식 패션이라고 부른다.

"패션의 완성은 무지개"라는 패션 철학을 고수했다.

일상적인 복장은 아닌데 원래 예전부터 놀러 다닐 때는 남들보다 도드라지고자 해서 화려하게 패션 연출을 했다. 그리고 타일 계약 성사를 위해 온전히 새로운 구매자를 찾아나서는 순간에 이러한 카드를 꺼내들었다.

여기에 007가방을 들고 나가니 사람들로서는 한번쯤 고개를 돌려 나를 쳐다볼 수밖에 없었다.

또한 날씨마다 향수를 다르게 쓰면서 신선한 느낌을 주고자 했다. 사장님들께서 눈치 챘을지는 모르지만, 태진아 정장을 했던 영업사원은 날씨마다 세심하게 향수를 바꿔 쓰면서 상대방이 무의식중에라도 신선한 느낌을 갖도록 노력했다. 세심함이 눈에 잘 띄지 않을 수 있어도 눈에 띄지 않는 세심함만으로도 상대가 자신도 모르게 이러한 영업사원에게 호감을 느낄 것이라 믿었다. 그들이 미처 몰랐더라도 나만의 프로 의식 같은 게 몸에 배어 날씨에 따라 나의 의지를 다지는 의식처럼 향수를 세심하게 바꾸어 썼다.

이런 일련의 노력을 쏟으면서 을지로 타일 가게, 강남과 여의도 공사 현장 등을 돌아다니며 나를 소개해나갔다. 허리 굽혀 정중하게 인사하면서 타일이 필요하다면 언제든 연락을 달라고 했다.

그들은 대개 처음에는 바쁘다고 시큰둥했지만 점점 "너 같은 사람은 처음 본다"며 쉬어가도록 배려해주었다. 내가 깍듯하면서도 인간의 정으로 다가가니 그들로서도 '쉽지 않은 일이라 도와주고 싶어도 그럴 수 없는 게 안타깝다'는 반응을 보이며 나를 반겼다. 이런저런 사회에서 겪었던 그들만의 노하우도 많이 귀동냥했었다.

결과적으로 그런 노력 덕분에 6개월 만에 타일을 파는 데에 성공했다. 6개월 만에 따낸 계약은 두 컨테이너 분량이었다. 한 컨테이너에 1,700만 원이었으니 3,400만 원 계약을 따낸 것이다. 주문을 한 도매상 사장님은 회사는 못 믿어도 나는 믿을 수 있겠다며 날더러 보증까지 서라고 했다. 그런 걸 따질 상황이 아니었다. 나는 기꺼이 보증을 서겠다고 했고 다음 날 계약금을 받고 계약서를 작성했다.

두 달 후 도매상 골목은 발칵 뒤집혔다. 미스터 박 물건이 들어왔다고 소문이 났고, 사진으로만 보던 이태리산 타일을 구경하기 위해 몰려들었다. 이태리에서 타일이 들어온 것을 본 이후로는 주문이 폭주했다. 물량이 부족할 정도였다.

얼떨떨한 건 나였다. 나는 이런 상황을 보며 정말로 일이 이렇게 잘 될 줄 알고 영업을 뛰었던 것인지 스스로에게 물어보았다. 솔직히 말하자면, 막연하게 '열심히 하면 되겠지'라는 생각은 하지 않았던 것 같다. '막연히 열심히' 하는 게 아니라 '절실하게 열심히' 한 덕분에 이뤄낼 수 있는 쾌거였다.

그 뒤로도 타일 주문이 지속적으로 들어와서 내 위상이 높아진 것도 소중한 경험이었다. 동시에 도저히 팔지 못할 것 같은 물건을 들고 가서 6개월 동안 끈질기게 노력하면서 자신감이 생겼다. 어떤 낯선 곳에 어떤 물건을 가져다 팔아야 할 상황이 오더라도 살아남을 수 있을 것 같았다. 그것이야말로 사장 훈련 과정 중 거둬들인 가장 큰 수확일 것이다.

스윙 연습을 하고 있어야 대타 기회때 홈런칠 수 있다

사장 한번 해보고 싶지만 자신은 사장 그릇이 안 된다고 포기하려는 사람들이 있다. 그렇다. 가만 보면 어떤 사람은 도저히 사장의 그릇을 타고나지 않은 사람도 있다. 그런 사람이 사장을 하게 되면 자신도 괴롭고 그 밑에서 일하게 될 직원들에게도 민폐를 끼치게 된다. 그런데 제법 많은 이들이 현실적인 이유 탓에 포기하는 것을 사장 그릇이 안 되기 때문이라고 핑계를 대곤 한다.

자신이 정말 사장 그릇이 아니라면 어쩔 수 없지만, 경험상 많은 이들이 스스로 사장 자질이 있는지도 모르고 현실에 파묻히는 듯하다. 사장의 꿈이 있지만 과연 자신이 사장의 자리에 값하는지 우려한다면 일단 사장 자질부터 계발해보자.

그러고도 영 적성에 맞지 않는다면 그때 포기해도 된다. 그런데 그런 과정을 잘 거쳤다면 직장인으로서도 크게 성장해 있을 것이다.

사장의 자질을 계발하다 보면 자연스럽게 요즘 기업에서 원하는 직장인의 능력도 함께 계발되기 때문이다.

이 장에서는 사장을 꿈꾸지만 현실적으로 직장 생활을 해야 하는 대부분의 지망생을 위해 현실에 충실하면서도 미래를 준비할 방법을 몇 가지 제시해보려 한다.

:: 직장은 사장이 되기 위한 맞춤형 훈련장이다

사장 지망생이 지금 취업을 해야 한다면 그 직장생활마저 철저하게 사장이 되기 위한 시뮬레이션 게임이라고 받아들여야 한다. 글 쓰는 사람들은 모든 인생의 순간이 글의 재료이며 글 쓰는 훈련이라고 말한다. 사업하는 사람들에게도 마찬가지다. 모든 순간은 자기 사업을 키우는 과정이다. 그 정도의 집중력과 열정이 있어야 할 것이다.

그런데 요즘 많은 젊은이들이 안정적인 직장이나 월급을 많이 주는 직장만 선호하는 듯하다. "안정된 직장이 최고" 혹은 "직장 생활이 최고"라면서 선호하는 신랑감 상위권에 늘 공무원과 대기업 직장인이 꼽히곤 한다. 물론 그게 나쁘다는 의미는 아니다. 공무원이 되어서도 나라 발전에 기여할 수 있고, 대기업이나 공기업을 다니면서도 얼마든지 의미 있는 일을 할 수 있다.

하지만 사장을 해본 사람이라면 알겠지만 안정적이면서 돈을 많이 버는 것은 결코 쉽지 않다. 안정적인 대신 돈을 버는 데에 한계가 있을 수밖에 없다. 일종의 차가운 비를 덜 맞기 위해 '안정 수수료'를 세상에 납부하는 셈이다.

반대로 사장은 스스로를 세상에 내어놓고 모험을 하기에 일한 만큼 번다. 또한 세상으로부터 '모험 수당'을 받는다.

그래서 사람들은 '결국 돈을 벌려면 사업하는 수밖에 없다'고 말하곤 한다. 사장을 꿈꾸는 사람들이 줄어들지 않는 이유다.

이러한 사장이 되려면 직장의 명성에 연연하지 말고 자신의 미래에 도움이 될 곳을 찾는 편이 좋다. 사회적 위상이 떨어지는 곳을 선택하게 되더라도 오히려 감사해야 할 경우도 생긴다.

사회적인 고정관념을 고려할 때 만일 자신이 대기업에 취직할 능력이 된다면 결코 쉬운 선택은 아닐 수 있다. 이때 자신이 무슨 사업을 해야 할지 확고히 알고 있으면 좋다.

세밀하고 구체적일수록 좋지만, 최소한 업종이 무엇인지라도 알면 좋다. 그리고 사장이 되고 싶은 열망이 얼마나 강한지도 검토해야 한다.

사업을 하고 싶은 마음이 확고하다면 대기업보다는 중기업, 중기업보다는 작은 기업이 낫다. 작은 기업에서는 빠른 시일 내에 사장의 자질을 계발할 수 있을 것이다. 왜냐하면 작은 기업의 사장이라면 이미 엄청난 경쟁의 틈바구니에서 작은 기업을 키워온 산 증인이기 때문이다. 작은 기업은 적은 자본과 그들만의 기술력, 혹은 여러 다른 경쟁력을 지니고 대기업과 중기업이 있는 시장에서 버텨온 것이다. 그리고 대개 사업을 시작할 때는 처음부터 대기업이나 중기업을 하는 것이 아니다.

또 지금의 대기업과 중기업도 처음에는 작은 기업이었다. 그걸 지켜온 사장 1세대의 노하우는 사장 지망생에게 보약과도 같은 것이다.

만일 대기업에서 일한다면 사업에 도움이 될 필수 직책을 거치는 데에만 족히 20년쯤은 걸릴 것이다. 또 맛보기라도 하려면 최소 10년쯤 걸린다. 그들의 경우엔 대기업의 영향력 덕분에 쉽게 맺을 수 있는 인맥이 강점이 될 수는 있어도, 사장이 되기 위한 직접적인 노하우를 배우기는 어렵다. 중기업은 대기업보다 나은 편이지만 사장을 멘토로 삼아서 모든 직무를 빠른 시일 내에 시행하는 것이 쉽지는 않다.

작은 기업에서는 매일 사장을 대면하고 사장과 식사하고 사장의 속마음을 들을 수 있다. 결정적으로 그의 성공 사례와 위기 대처 요령을 매 순간 들을 가능성이 높다. 일손이 부족하여 한 명당 2~5명의 직무를 처리해야 할 수도 있는데, 일의 양과 거래하는 액수가 적기에 자그마하지만 다양한 직무가 흘러가는 방식을 빠르게 터득할 수도 있다.

결국 작은 기업에서 사장의 특급 과외를 받으며 사업체의 여러 흐름을 몸소 체험하는 것이야말로 사장이 되는 지름길이다. 이때 되도록 그 기업이 자신이 하고자 하는 사업과 유사한 것이라면 실무적인 애로사항이나 사업할 때 주의할 점 등을 자기 사업에 그대로 적용할 수 있으니 기업 선택 시 고려해야 할 것이다.

또한 지원하고자 하는 작은 기업 사장이 어떤 사람인지 파악하고, 자신이 무엇을 배워야 할지 고민해야 하며, 그 기업이 어떤 궤적을 밟아서 몇 년 동안 성장해왔는지를 살펴보아야 한다. 또한 그가 이끄는 사업체의 강점 등도 파악한 뒤 자신에게 맞는 작은 기업을 훈련장으로 선택하는 것이 좋다. 예를 들어 횟집을 차리고 싶은 사람은 횟집에서 주방장으로 일하면서 사장에게 일을 직접 배우는 것이 가장 직접적인 훈련이 될 것이 당연하다. 이처럼 대기업이나 중기업을 갔을 때 걸릴 시간보다 훨씬 적은 시간을 들여 창업 노하우를 배울 수 있을 것이다.

:: 사장님의 오른팔이 되어라

사장들은 십중팔구 직원이 사장같이 일하기를 원한다. 직원이라면 이러한 의도를 십분 읽어 직원으로서 적절히 처신해야 해야 하며, 오히려 그들에게는 그것이 기회일 수도 있다.

그런 수준으로 사장의 마음을 읽었다면 좋은 직원이 될 수는 있지만, 사장이 되려면 무언가 더 필요하다. 예를 들어 사장 지망생이라면 아예 스스로 사장이라고 최면을 걸어야 한다. 간혹 후배들이 말하기를, 직원일 때는 이해하기 어려웠는데 사장이 되고 나니 비로소 그때 사장님들의 마음을 이해할 수 있다는 것이다. 그만큼 직접 자본을 투자하고 자기가 원하는 일을 직원들에게 시켜야 하는 위치에 있으면 아무래도 직원들의 마음과 다를 수밖에 없다. 사장으로서 자신은 더 나아가고 싶은데 직원들이 낙오해버리면 문제이기 때문에 모두와 속도를 맞추기도 한다. 이때 어떤 직원이 사장처럼 함께 속도를 맞추어 앞서간다면 사장으로서는 무척 기쁠 것이다. 그 직원에게 하나라도 더 가르쳐주고 싶은 마음이 들 것이다.

내 경우엔 지금도 직원들에게 사장과 함께 되도록 많은 시간을 보내라고 권유하고 있다. 나 역시 그랬다. 직장 생활이 길지 않았기에 당시 내 직급은 말단이었지만, 회사가 어려워서 한 달쯤 지나자 한 사람씩 퇴사를 했다. 은행에서 대출상환 독촉 전화가 계속 걸려왔다. 사채업자들도 회사로 찾아와서 사장님을 찾았다. 나로서는 사장님이 지금 자리에 없다고 무조건 말해야 할 지경이었다. 이미 밀린 월급도 많았고 앞으로 월급을 줄 수 있는 상황도 아니었다. 그러다 보니 나중에는 남아 있는 직원이 나밖에 없었다. 나 역시 월급을 제대로 받지 못해 부모님도 걱정할 상황이었지만, 전혀 개의치 않았다. 오히려 기쁘기도 했다. 온전히 사장님과 함께 있으면 많은 노하우를 배울 수 있을 것으로 기대했기 때문이다. 기뻐해야 할 상황은 아니었지만 내 계획보다 빨리 사장님의 오른팔이 되었으니 나로서는 정말이지 기뻤고, 책임감을 느꼈다. 그리고 내가 맡았던 타일 업무를 하면서, 나마저 그걸 포기해버리면 회사 전체가 무너진다는 생각에 더 열심히 했다. 그때 경험한 것들이 지금의 나를 지탱해주고 있다. 내가 스스로 철저하게 익혀낸 덕분이다. 그 누구의 온전한 도움을 받지 못했던 열악한 상황이 오히려 나를 단단하게 해주었다. 만일 내가 사장님 곁에 남아있지 않았다면 보통의 회사 상황에서는 그렇게 빨리 기회가 찾아오지는 않았을 것이다.

그런가 하면 중국 상하이 교민회에서 만난 한 사업가는 벌써 세 명의 운전기사를 사장으로 키워냈다는 말을 내게 해준 적이 있다. 그와 항상 함께 생활하다시피 한 운전기사들에게서 그는 무엇을 보았던 것일까?

성실함이라고 했다. 함께 여러 일을 겪으면서 그들의 심성을 찬찬히 살피다 보니, 그들을 잘 파악하게 되었다고 한다.

그리고 그들 중 사장에 적격인 인물들에게 기회를 주었다. 그렇게 그들은 무역 업무를 맡게 되어 처음에는 생각하지도 못했던 경력을 쌓을 수 있었다. 다행스럽게도 그들 모두가 모시던 상사의 기대를 저버리지 않고 사장으로 바로 설 수 있었다. 이는 CEO 곁에 있었기에 가능한 일이었다. CEO와 함께 있으면 중요한 노하우도 배울 뿐 아니라, 때때로 큰 기회를 얻을 수 있다.

그렇기에 나는 종종 사람들이 성공 방법을 물어올 때면 "사장과 함께 많은 시간을 보내라"고 권유한다. 특히 미혼의 직장인이라면 더더욱 그렇게 해야 한다고 말한다. 쉽진 않겠지만 사장과 되도록 친구처럼 오랜 시간을 보낼 수 있도록 의식적으로 노력해야 한다.

물론 상사랑 있는 것이 친구와 있는 것과 같을 수는 없다. 그럼에도 자꾸 버릇을 들이다 보면 서로가 사적인 이야기도 많이 하게 된다. 사장은 그런 애틋한 직원들에게 자신의 비법을 더 많이 털어놓고 더 많은 기회를 주기 마련이다. 그러니 사장 지망생이라면 자신이 선택한 사장의 수제자가 되기 위해 노력해야 한다. 사장도 그런 직원을 간절히 원한다.

많은 사장들이 30년 동안 일하려는 성실하고 묵묵한 직장인을 선호한다고 하지만, 30년 동안 수동적으로 눈치만 보면서 일하는 직원을 원하는 것은 아니다. 차라리 15년 뒤에 창업을 목표로, 회사 일을 사장 실무를 위한 실전처럼 임하면서 자기를 향상시켜나가는 직원들이 백배 낫다. 그들은 일을 찾아서 하려고 한다. 사장의 말에 항상 귀를 열고 있으며 하나를 배워서 열을 익히려고 한다.

무엇보다도 자기 일처럼 임무를 다하다 보면 그 세심한 마무리가 돋보이게 된다.

이는 다른 경우에도 마찬가지다. 예를 들어, 한번은 내가 스마트폰을 무척 좋아하는 지인들에게 내 아이폰6플러스를 빌려준 적이 있다. 그들에게 새 스마트폰을 딱 일주일만 사용하도록 조건을 달고 빌려주거나, 아예 '그냥 가지라'며 선물로 주었다. 받은 사람 입장에서는 일주일 후 돌려주어야 하는 경우와 자기 것이 된 경우로 나뉘었다.

그들에게서 스마트폰을 한 달 뒤 돌려받게 되었는데, 유감스럽게도 4대에는 흠집이 많이 나 있었다. 반면 선물로 주었던 스마트폰의 경우엔 흠집 하나 없이 깨끗했다. 내 것일 때와 그렇지 않을 때 차이는 이처럼 극명하다.

회사 생활에서도 임무를 자기 일처럼 하는 사람과 그렇지 않은 사람 사이에는 차이가 있기 마련이다. 부디 모든 순간의 일을 자기 일처럼 하기를 바란다. '그게 결국 회사 이익이지 자신의 이익이 아니라고' 푸념을 늘어놓지 않기를 바란다. 그 경험 자체가 실력으로 쌓여 경력이 되고, 그 자체로 값비싼 사장 수업을 하고 있다고 생각해야 한다. 사장은 절대 남 일처럼 주어진 일을 하진 않는다. 주체적이고 능동적이어야 한다. 그게 살길이다. 이러한 사원이라면 자연히 회사 전체에 활력을 불어넣는 유익한 존재가 된다. 그러니 사장으로서는 그런 능동적이고 주체적인 직원을 찾으려 한다.

직원 스스로도 많은 것을 배우게 될 것이다. 사장의 자세로 회사를 바라보다 보니 자연스럽게 직원과 사장 모두의 마음을 절실히 체험할 것이다. 어차피 회사는 고객과 협력체 관계자, 사장과 직원으로 이뤄지기 마련이다.

그런데 사장의 마인드를 가진 직원이라면 협력체 관계자뿐 아니라 고객 역시 성심껏 대하게 된다. 그러면서 더 많은 매출을 올리기 위해 치열하게 고민할 것이요, 그것이 다 미래를 위한 효율적인 투자가 된다.

이러한 직원은 생동하는 팔로우십도 배우게 되고, 동시에 감각적인 리더십도 얻게 된다. 그런 이가 직장인으로 근속한다면, 멋진 중간 간부가 될 것이다.

상사들의 고충을 이해하고 탄력 있게 능동적으로 일 처리를 해내고, 동시에 실적으로 증명하면서 자기 직원들을 잘 챙겨줄 수 있는 능력 있는 직속상사가 될 것이 분명하다. 그러한 이들이 사장이 되면 '멋진 사장', '일할 줄 알면서도 직원의 고충을 이해하는 사장다운 사장'이 될 수 있다. 그런 사장 밑에는 함께 일을 도모할 이들이 몰려든다.

물론 사장의 자세를 지닌 직장인을 찾는 건 그리 만만치 않다.

이 책을 읽은 사장 지망생이면서 직장을 갖고 있는 이라면 지금 당장 자신을 미래의 사장으로 디자인하라. 그리고 진짜 사장이 되겠다고 생각하길 바란다. 자발적으로 회사를 걱정하고 여러 일에 도전하길 바란다. 월급만 받아 가면 그만이라는 생각이 아니라, 또 당장 눈에 보이는 고과만 잘 받으면 된다는 생각을 넘어서서, 스스로를 만족시키는 업무를 하길 바란다. 그것이야말로 사장 업무의 시작인 셈이다.

그걸 알고 치열하게 자신을 담금질한다면 회사에서 더 많은 것을 얻어갈 수 있다.

누구나 사장이 될 수 있지만, 모두가 성공한 사장이 되지는 못한다.

모든 사장들의 기본기가 끈기와 성실이라고 하지만, 평소 안정적인 사업체를 꾸려가기 위해서는 대인관계 기술도 중요하다. 이 기술은 사회에서 성공하기 위해 필수적인 능력이다.

성공하는 사람은 명문대를 나온 사람이 아니라 상대와 협력하여 원하는 것을 끌어낼 수 있는 대인관계 기술이 탁월한 사람이다. 때로는 상대에게 카리스마형 독재자로 군림하기도 하고, 때로는 부드러운 리더십으로 상생하는가 하면, 때로는 철저하게 상대의 비위를 맞추어 그에게서 원하는 것을 얻어낸다.

성공한 사장들은 기본적으로 스타일이 다를 뿐 공통적으로 대인관계 기술이 매우 탁월하다. 사장뿐만 아니라 유명인이나 명성 있는 일류 전문가 등 성공한 사회인들은 대부분 이 기술이 탁월하다. 직장인이라고 다를 것이 없어서 우리는 대인관계 기술을 키우기 위해 노력하고 자신에게 맞는 것을 고민한다.

사장 지망생이라면 직장인으로서 필요한 대인관계 기술과 사장에게 요구되는 대인관계 기술을 모두 고민해야 할 것이다.

말단사원이라면 생동하는 팔로우십을 더 고민해야 할 것이고, 간부라면 그 위치에 맞는 감각적인 리더십이 요구된다.

때로는 어떤 이들은 사내 정치에 더 몰두하기도 하는데, 대인관계 기술만큼이나 중요한 것이 진정한 실력이므로 그 균형을 잘 맞추면서 현실 감각을 예리하게 유지해야 한다.

그렇다면 사장에게 필요한 특수한 대인관계 기술은 어떤 것일까?

일단은 직원과의 관계에서 적절하게 처신하는 것이며, 가장 중요한 것은 상대방 결정권자의 긍정적 결정을 이끌어내는 기술이다. 그것에는 명확한 답이 없기에 더욱 어렵다. 그렇기에 자기만의 해답이 있을 수 있다. 재능 있는 사장이라면 금방 감각적으로 터득해내기도 한다.

사장은 우선적으로 회사를 키우기 위해서 계속 일을 따와야 한다. 이를 위해 직원들도 함께 뛰겠지만 마지막에는 결국 결정권자끼리 만나야 한다. 결정권자들끼리 서로가 동등하게 만날 수 있다면 좋겠지만 대개는 갑을관계로 만나서 서로 손해보지 않기 위해 치열한 머리싸움을 해야 할 때도 있다.

어떤 사장은 무릎을 꿇고서라도 일을 따내야 한다며 비장한 결의를 다지기도 한다. 나 역시 사장이라면 일을 따내기 위해 사기 치는 것 빼놓고는 다 해봐야 한다고 생각한다. 더구나 작은 기업이라면 많은 경우 우리 쪽에서 아쉬운 소리를 해야 한다. 그걸 결정할 수 없는 직원에게 떠민다는 것은 말이 안 될 일이고, 상대로서도 결정권자가 아닌 이의 말을 온전히 신뢰하기 어렵다.

결국 결정권자가 있어야 대화가 의미 있기에 중요한 순간에는 반드시 사장이 나서야 한다. 이때 어떤 이는 노련하게 보이기 위해 목소리를 차분히 깔고, 정중한 복장을 하고 엄숙하게 보인다든지, 인맥을 부풀려서 말한다든지, 성공 사례를 과대포장하든지 하는 여러 방식으로 상대에게 대처한다.

내 경우에는 중국 유명 인사들을 만날 때 반드시 내 집으로 초대해서 비즈니스의 느낌을 지우려 했다. 그래서 '납기일, 오더' 등등 비즈니스를 연상시키는 용어를 다 빼고 인간적인 정에 호소하면서 일상적인 표현으로 "그들과 함께 하고 싶다"는 마음을 표현하려고 애썼다.

그러나 어떤 방식이 답이라고 정의하기 어려운 것이 바로 대인관계 기술이다. 그러니 자신이 생각하는 사장의 모습을 그려보자. 그 모습에 맞게끔 자신을 디자인해나가다 보면 의미 있는 자신만의 사장용 대인관계 기술이 완성될 것이다.

그 모든 기술은 기교보다는 진정성을 기초에 두어야 한다. 그래야 상대의 마음을 오랫동안 깊이 움직이게 한다는 것쯤은 기억해두었으면 한다. 결국 비즈니스도 사람이 하는 일이고, 세상에는 나쁜 사람보다는 좋은 사람이 더 많다. '자기 코가 석

자'라서 나쁜 짓을 하는 경우는 있어도 대개 자신에게 인간적인 손을 내미는 사람을 공격하는 사람은 많지 않다.

이것만 기억하고 자신만의 대인관계 기술을 연구해놓는 것이 중요하다. 사장 지망생 입장에서는 외국어 회화보다 더 중요한 과제일 것이다. 이러한 공부를 위해 사장님을 따라다니면서 바이어를 만나도 좋고, 협력체 관계자분이나 고객 혹은 직장 동료와 어울리면서 발휘했던 대인관계 기술을 찬찬히 복기하고 평가해보는 것도 의미 있을 것이다.

생각해보면 대인관계 기술은 직접 가르치기가 참 애매하다. 다른 구체적인 업무에 관해서는 대놓고 가르치면 되지만, 이 기술은 아무리 가르쳐도 본인 스스로 그 감각을 깊이 깨닫고 스스로 터득하기 전까지는 도무지 전수하기가 쉽지 않다. 그래서 천부적인 자질이 필요한 부분이다.

어떤 사원은 상대업체 관계자와 허물없이 지내면서 회사의 안을 관철시키기도 하고, 조율하기도 하지만, 어떤 직원은 상대가 '어렵다'고 한 의견만을 상사에게 그대로 전달해주는 경우도 있다. 또 어떤 직원은 자기가 미리 조율하면서 외부에서 만나서 친분도 쌓아가며 애초에 다른 문제가 생기지 않도록 노력하지만, 어떤 직원은 문제를 보고하고 다음 지시를 기다리기도 한다.

그렇다고 대인관계 기술에 수동적인 직원들에게 일일이 지적하면서 이런저런 식으로 노력해야 한다고 말하기가 참 어렵다. 기본적인 수준에서야 말해주지만, 이 부분에서만큼은 각자만의 방법이 있기 때문이다. 어떤 이는 인간적으로 다가가서 협력업체 직원과 유대를 맺고, 또 어떤 직원은 정확한 원칙에 따라서 일을 처리하면서 가능한 한 상대를 배려하는 방식으로 신뢰를 쌓는다. 그러니 함부로 그런 시시콜콜한 일까지 사장의 가치를 개입하여 조언하면, 자칫 역효과가 날 수 있다. 그래서 그저 묵묵히 살피는데, 그러다 보니 '알아서 눈치껏' 잘 터득하는 직원과 그렇지 않은 직원이 있다는 것만 파악하고 뒤로 물러나 있는 경우가 많다.

이 역시 나만의 사장 맞춤형 대인관계 기술일 것이다. 사장 지망생이라면 각자만의 사장용 대인관계 기술을 연구하고 성실하게 쌓아가야 한다. 천부적으로 이를 갖춘 이도 있지만 노력해서 획득하지 못할 성질의 기술도 아니기 때문이다.

사장을 하고 싶다면 수동성은 독이다. 반드시 넘어서야 할 장벽이기도 하다. 그런데 무언가를 능동적으로 하려고 해도 딱히 무엇을 해야 할지 모를 때가 있다. 특히 사장이 되고 싶지만 딱히 무엇을 경영하고 싶은지 잘 모르겠다면, 그냥 외국어라도 공부해두자. 특히 자신이 구체적으로 어떤 사업을 할 것인지 분명하게 인지하고 있다면 사업 아이템을 많이 거래할 지역의 언어를 선택하는 것도 좋다. 또 그렇지 않다면 제1의 비즈니스 언어인 영어만을 공부해두어도 좋다. 외국어 공부는 직장인으로서 당장에도 도움이 되는 일이다. 그러니 먼저 외국어 공부에 집중하는 것도 현실과 꿈을 조화롭게 하는 현명한 선택이다.

내 경우엔 첫 직장이자 마지막 직장이었던 무역회사에서 외국어의 중요성을 절감했다. 해외의 바이어를 만나거나 외국 여행을 할 때 영어를 못하니 내 자신이 초라해졌다. 그렇다고 주눅 들지 않고 당당하려 했지만 일단 무슨 말인지 정확히 알지 못하면 어쩐지 지고 들어가는 느낌이 들었다.

지금 생각해도 해외 바이어와의 첫 만남 때는 쥐구멍이라도 찾고 싶을 만큼 나 자신이 초라해졌다. 입사 후 얼마 되지 않은 때였다. 당시 사장님은 외출할 때 나를 자주 데리고 다녔다. '가방모찌'인 셈이다. 그러던 어느 날 저녁 일본과 이태리에서 바이어가 왔다고 해서 L호텔의 고급식당으로 사장님을 모시고 갔다. 그 자리에는 일본과 이태리 바이어뿐 아니라 이들과 합석한 4명의 아가씨들도 있었다. 모두가 영어와 일어로 소통했다. 사장님은 일본어와 영어를 유창하게 잘하시는 듯했다.

종종 웃음이 이어지는 대화 분위기는 내게 낯설었다. 도대체 무슨 말인지 알아들을 수 없었기 때문이다. 결국 그들이 웃을 때마다 영문도 모르고 웃는 표정으로 반응해야 했다. 뜻도 모르고 같이 웃음을 지어야 하는 나 자신이 '쪽 팔리고' 불쌍해 보였다.

다음날 아침 출근 전에 교보문고로 달려가 두껍지 않은 영어 회화 책을 샀다. 출퇴근하면서 회화 책을 통째로 외워버릴 기세로 보고 또 보았다. 전치사나 접속사가 뭔지 몰라서 그냥 외워 버렸다. 본격적으로 외국어와 인연을 맺는 순간이었다.

그 뒤로 한 달에 두세 차례 외국손님이 올 때마다 나는 늘 공항 픽업을 자청했다. 직접 그들에게 시내 구경을 시켜주면서 친해지려고 노력했다. 주말에도 그냥 바이어에게 먼저 연락하여 관광가이드를 자청했다. 외국어 실력을 높이려면 일단 겁이 없어야 했다. 그러면 바이어와 친해질 뿐 아니라 영어 회화 훈련도 하는 일석이조의 효과가 있었다. 그렇게 손짓, 발짓을 하면서 나의 '깡통 콩글리시'를 발전시켜 나갔다. 생활 영어를 전투적으로 공부한 덕분에 외국인과 막힘없이 소통할 수준이 되었다. 오늘날 아무 불편 없이 무역 일을 해나가는 것도 그때 기초를 쌓았던 콩글리시 덕분이다.

하지만 영어 회화 수준을 어느 정도 높이고 나니, 더 잘하고 싶다는 생각이 들었다. 결국 영어를 체계적으로 공부하고 싶어서, 휴직하고 1985년 26세에 4년제 대학 영문학과에 편입했다. 결국 무역회사에 터를 잡으려면 외국어가 생명이라고 여겼다. 그런데 회사로 복귀하지 않고 내 사업을 하게 되어 지금까지 오게 되었으니, 내게 영어란 사장으로 가는 중요한 징검다리였던 셈이다.

지금 보면 우리 사업의 경우 중국은 매우 중요한 국가, 심지어 제2의 모국이라고 할 만큼 중요한 국가다. 철저한 현지화를 시도할 만큼 중국에 섞여들려고 한다. 그런 면에서 보면 영어보다 중국어가 중요한 셈인데, 무역회사를 나올 때까지만 해도 내가 중국에 진출할 사업체를 이끄는 사장이 될지는 꿈에도 몰랐기에 보편적인 비즈니스 언어인 영어를 택했다.

중국어의 경우 2000년대 초반 중국에 진출할 때만 해도 전혀 할 줄 몰랐으나, 지금은 나를 제외하고는 전원 중국인으로 이뤄진 현지 회사에서 소통에 별 문제 없이 지낸다. 그러면서 드는 생각이 외국어를 틈틈이 배워두면 두고두고 재산이 된다는 것이다.

외국어를 해놓았을 때 선택할 수 있는 폭을 고려한다면 안 하고 후회하는 것보다 해놓고 쓸 일이 없는 것이 낫다. 특히 외국과 온라인상으로 거래를 터서 물건을 주고받는 1인 무역의 경우, 외국어가 절대적이다. 외국어를 못한다면 이 선택 사안 하나가 아예 없어지게 된다.

사업을 하더라도 외국에 직접 나가서 현지화 전략을 쓸 때 사장이 직접 소통할 수 있다면 일의 진행이 훨씬 매끄러워진다. 현지 관계자를 만났는데 언제까지나 통역을 동반할 수도 없다. 외국어를 잘한다고 나쁠 일은 절대 없다.

:: 되도록 현실과 꿈이 조화로울 수 있도록 하라

2002년 이후 중국에 진출하면서 절실하게 느끼는 것이 하나 있다. 그것은 중국인들이 이미 경영인의 자세로, 글로벌 시장에 대비하려는 준비가 되어 있다는 것이었다. 우리 역시 직원 개개인이 글로벌 리더로서 자질을 갖추려는 노력을 부지런히 해야 할 것이다.

나 역시 직장생활을 할수록 배워야 할 것이 많다는 사실을 깨닫고 틈틈이 공부하는 것을 게을리하지 않았다. 회사에서 시키는 일을 해야 하는 것은 기본이다. 나는 그 이상 배워야할 것에 대한 욕심이 많았다. 예를 들어 무역, 영업, 제품개발, 경리 전반을 알고 싶은 의욕이 있었다.

아예 모르면 모른다는 사실 자체를 깨닫지 못하고 놓치기 마련이다. 이때 조력자가 필요하다. 내 선배들도 나를 도왔지만 그들은 각자의 일이 있었다. 결국 제대로 나를 도와주기는 어려웠다.

다행히 사장님의 관심이 있어 고마웠다. 면접 때 만난 뒤로는 종종 나를 직접 데리고 다니면서 사장의 일을 보여주기도 했다. 당시로써는 최고의 멘토를 얻은 셈이었다. 특히 사장님이 나를 비서처럼 대하면서 회사 차원의 중요한 외부 미팅에도 자주 데려갔다. 그때 사장님 옆에 앉아서 사장 간의 대화를 귀동냥한 것이 내 식견을 넓혀주는 데에 큰 도움이 되었다. 사장들의 만남이 어떤 것인지, 신입사원으로서는 짐작조차 하기 어려운 그들의 협상 노하우를 바로 옆에서 배울 수 있었다.

직접 듣지 않고는 수년의 경력을 쌓아도 짐작조차 못했을 수도 있는 조언도 들을 수 있었다. 그때 내 일을 직접 점검해주던 사장의 눈은 일반 직원의 그것과는 다르다는 것도 어렴풋이 느꼈다.

아침부터 저녁까지 사방을 둘러봐도 온통 공부해야 할 것들이었다. 그것이 흥미로워 몸이 자극 받았던 걸 보면 나도 일할 체질이었다. 이처럼 배우겠다는 자세는 지금까지 남아있다. 바쁜 일정에 쫓기더라도 배움에 대한 열의는 더욱 타올랐다. 사장 업무를 할수록 자꾸만 더 알고 싶은 것들이 늘어났기 때문이다. 결국에 체계적으로 경영을 배울 기회를 스스로 마련했다. 부단히 노력하지 않으면 사장으로서의 능력이 정체될 것이 뻔했고, 절대 그러고 싶지 않았다. 사실 일이 너무 많아 매일 꽉 찬 일정을 소화해야 했지만, 시간을 잘 쪼개 학교 다닐 시간만큼은 마련했다. 그렇게 북경대 외자기업 최고기업경영자과정, 상해 교통대, 한양대 CEO e-MBA과정을 거치며 차근차근 필요한 지식을 쌓아 올렸다.

단, 그때나 지금이나 회사 일이 최우선이었다. 회사 일을 소홀히 하면서 자신의 역량 발전을 기대하기는 어렵다. 사장 지망생의 경우에도 마찬가지다. 사장이 되려는데 직원의 일조차 제대로 못한다면 어쩐지 앞뒤가 맞지 않는다. 현실에서도 좋은 직장인이 되기 어렵고 창업하더라도 실패할 확률이 높다. 지금 이 순간에 최선을 다하는 것은 곧 미래에도 유익하도록 자신을 위한 맞춤형 노하우를 쌓아가는 것과 같다.

그러기 위해서는 우선 '자신이 지금 하는 일'과 '창업하고자 하는 분야의 특성' 등을 세심히 살펴 비교해보아야 한다. 하고자 하는 일을 정확히 이해하지 못하면 직원이든 사장이든 그 어느 쪽 성공도 보장할 수 없다.

재미있는 일을 해야 성공한다

    누구나 한번쯤 사장을 꿈꾸어봤을 것이다. 지금까지는 이것을 전제해두고 말했다. 그런데 정작 사장 지망생들에게 무엇으로 사장이 되려 하는지를 질문하지 않았다. 그렇다면 지금 묻겠다.

"이 책을 읽고 있는 사장 지망생께서는 무엇으로 사업을 하려고 하고, 왜 사업을 하려고 하십니까?"

이렇게 물으면 많은 이들이 보통 "돈을 벌기 위해 사장이 되고 싶다"고 말하곤 한다. 또한 "아직은 자본금을 마련하지 못하였으나 기회가 닿는다면 사업을 해보겠다"고 말한다.

물론 그 답은 틀리지 않았다. 사장이 되려는 이유 중 첫 번째는 돈을 버는 것이다.

그것이야말로 기업이 있어야 할 첫 번째 이유다. 그리고 창업하려는 사람들이라면 너무 거창한 목적을 뒤로 미루고 일단 사업을 안정화하고 직원 월급을 제때에 주는 회사를 만들어야 한다. 그러니 당연히 돈을 버는 것이 최우선적인 목표가 되어야 한다.

대개 사장 지망생들은 이런 정도의 대답을 한다. 그렇다면 아무래도 '창업하려는 이유'에 대해서는 뒤로 미루겠다.

여기서는 우선 '무엇으로' 사업을 하려고 하는지부터 생각해야 한다.

사업을 하려면 아이디어가 있거나, 기술을 확보하고 있거나, 돈이 있어야 한다.

그런데 요즘 풍토에서는 참신한 아이디어를 강조하는 경향이 있다. '창조'를 말할 때 흔히 아이디어라는 단어를 먼저 연상하게 된다. 회사에서라면 '차별화'라는 단어에 목을 매고 산다. 그도 그럴 것이 어떤 분야에서든 유사한 경쟁 제품이 쌓여있기 마련이다. 독점적 지위를 구축한 경우는 실제로 자본주의 사회는 그렇게 많지 않다. 대부분은 수십 개에서 수만 개의 업체가 같은 시장에 뛰어들어 생존 경쟁을 하기 마련이다. 그래서 '참신한 아이디어'와 '차별화'를 끊임없이 강조한다.

하지만 모든 참신한 아이디어가 소비자를 설득할 수 있는 것은 아니다. 음식점만 봐도 기발하면서도 맛도 제법 괜찮은 메뉴가 많이 출시되지만, 대개는 그리 오래 가지 못하고 사라진다. 누구나 맛있다고 말해도 곧 시들기에 사업하기 전에는 성공을 확신했다가 낭패를 보는 경우도 많다.

또 어떤 아이디어로는 설사 성공하더라도 곧 경쟁업체와 차별화가 안 되어 고전하는 경우도 생긴다. 대표적으로 서비스 분야를 생각해볼 수 있다. 소비자가 원하는 기발한 아이디어로 서비스를 제공하며 선풍적인 인기를 끌 수는 있지만 서비스만큼 모방이 쉬운 종목도 없다. 그래서 너나 할 것 없이 유사하거나 똑같은 서비스를 출시하여 경쟁에 뛰어드니 그다음부터는 오래 버틸 수 있는 자금이 있느냐 하는 것이 관건이 된다.

게임방은 한때 영원히 대세일 듯했지만 지금은 과거의 기세를 찾아보기 어렵다. 노래방은 또 어떤가.

사장 지망생 스스로 자신의 아이디어를 냉철하게 점검해보아야 한다. 과연 투자금만 확보한다면 자신의 아이디어를 현실화할 수 있는지, 누구나 쉽게 흉내 낼 수 있는지, 혹은 그 아이디어가 소비자에게 과연 매력적인지 아이디어를 여러 각도로 검토해야 한다.

기술을 지닌 경우는 어떨까? 일단은 제대로 된 기술을 지니고 있으면, 작은 기업 혹은 1인 장사를 한다면 굶어죽지 않는다는 말이 있다. 다만 자신이 현재 지닌 기술이 있다면 사업에 어떻게 적용될지 고민해야 한다.

예를 들어 자신에게 컴퓨터 수리 기술이 있다고 가정하자. 그랬을 때 사업적으로 그 이상의 참신한 아이디어는 없지만 그냥 일반적인 컴퓨터 수리점을 내서 충실히 일했을 때 과연 수지타산이 맞을지 고민할 수 있다. 큰 욕심을 부리지 않는다면 작은 가게 사장을 할 수 있다. 하지만 중장비처럼 자본이 많이 들어야 할 기계를 다루는 기술이 있다면 실제로 그것으로 사업을 하려면 작은 가게 수준이기는 어렵다.

이처럼 기술의 종류에 따라 사업의 규모가 달라질 수 있다. 또한 기술의 전문도에 따라 누구나 쉽게 따라할 수 있는 기술이라면 사업을 벌이기 전에 심사숙고해야 한다.

마지막으로 자신에게 돈이 많다면 사업할 수 있는 폭이 넓다. 결국 사장이 되려면 자본금이 있어야 하고, 돈에서 시작해서 돈으로 끝나는 것이 사업이다. 그 내용을 아이디어와 기술과 상품과 브랜드와 기업 정신으로 채우지만 결국 돈은 기업 활동의 가장 중요한 연료다.

돈이 있는 사장 지망생이라면 당장에라도 사업체를 차릴 수는 있다. 그러나 아이디어나 기술이 없는 채로 혹하는 마음에 휩쓸리듯이 남들 하는 사업을 따라한다면 호된 결과를 맞을 수 있다.

또한 주식이나 금융 상품 투자를 하다가 큰 손실을 입을 수도 있다. 실체가 없이 주가 상승으로 수익을 올리는 행위에 지나치게 열광하는 것도 바람직하지 않다. 결국 아이디어나 기술이 없는 생산 활동은 내용이 없는 것 같다.

그래서 내 경우에는 돈 놓고 돈 먹는 방식의 돈놀이보다는

실물 경제를 선호한다. 국가가 부강해지기 위해서는 실제로 물
건을 잘 생산해야 한다. 돈 장사를 해서 벌어들인 이자로 다른
나라에서 공산품을 사서 쓴다면, 결국 우리나라는 해외의존도
가 높아질 것이다. 미국이나 중국에서 자원을 확보하고 모든
분야의 제조기술을 발전시키는 이유도 이런 데서 찾을 수 있
다. 전 세계의 나라들이 자국의 농수산업 붕괴를 우려하는 것
도 실물이 얼마나 중요한지 말해준다.

돈이 있는 사장 지망생이라면 그 돈을 제대로 활용할 만한
아이디어나 기술을 확보하는 것에 집중해야 한다.

:: 과학입국 기술대국(科學立國 技術大國)

'과학입국 기술대국(科學立國 技術大國)'이라는 표현은 예전
에 한 교수님께서 말씀하신 것이다. '나라는 과학으로 서야 하
고 기술로써 커야 한다'는 것이었는데 나 역시 동감한다. 요즘
처럼 인문학의 쇠퇴를 우려하고 기초 학문이 위기에 처했다는
말이 많이 들리는데 어떤 분야든 기초가 튼튼해야 쉽게 무너지
지 않는다.

사장이 몸담은 경영이라는 분야에서도 마찬가지다. 원칙이

있기 마련이고, 무수한 실용적 기술 역시 중요하지만 만일 원칙의 중심이 서지 않는다면 실용적인 기술은 한낱 잔기술이 될 것이다. 특히 사장은 경영을 하는 사람이기도 하지만 자신이 헌신한 한 분야를 선도적으로 이끌 그 분야의 선배이기도 하다.

즉 그 어떤 사업도 경영이라는 독립적인 업무가 있는 것이라고 하지만, 나는 양변기와 욕실의 디자인과 연관된 기술 개발에 역점을 둔다. 실제로 그런 과정에서 6리터 절수형 양변기를 개발해서 물 절약에 공헌했다. 또한 욕실의 패러다임을 '보여주고 싶은 욕실 문화'로 전환시키는 작업을 지금까지 해오고 있다.

이처럼 새로운 패러다임의 선도는 단순히 아이디어만 있거나 기술만 있어서 되는 것이 아니라, '기술적인 아이디어를 문화적으로 연결시켜 소비자의 트렌드를 주도하는 것'이어서, 한 차원 높은 사업 노하우이자 자산이다.

이탈리아의 많은 소기업에서 명품을 만들어 세계 패션 시장을 주도하고, 독일의 제약과 자동차 부품의 강소기업, 스위스의 명품 시계 업체들이 세계의 표준을 만들어나가는 것을 고려해보면, 사장 지망생이 궁극적으로는 바라보아야 할 모범 답안은 있다고 생각한다.

:: 결국엔 재미있는 일을 찾아야 한다

저마다 여건은 다르다. 가능하다면 '돈도 벌고 국가적으로도 건강한 체질로 만들어주는' 기술집약적 창업이 많았으면 하지만, 각자의 여건에 맞게 가장 즐길 수 있는 것을 선택하는 것이 최선의 답이다.

즐길 수 있는 일이어야 자연스럽게 열정을 쏟아 부을 수 있고, 24시간 일에 대해 생각해도 질리지 않는다. 그래야 잘할 수 있게 되고, 잘하게 되면 더욱 재미를 느끼게 된다. 그렇다고 모든 일이 기술로 이루어지는 것은 아니므로 본인이 그런 재미를 느끼는 분야를 찾았다면 그것이 무엇이든 그것에 모든 것을 쏟아 부을 수 있어야 한다. 그러면 그 방면에 최고가 될 수 있고 성공할 수 있다.

예를 들어 음식을 만드는 것에 관심이 많다면 느닷없이 기술집약적인 분야를 선택하기는 불가능하다. 또 기술집약적인 분야뿐 아니라 여러 다른 분야 역시 우리에겐 필요하다. 재미있는 일을 찾아서 해야 모두에게 이로운 공을 세울 수 있다. 또한 그런 일에 빠진 스스로가 행복할 수 있다.

사실 우리의 경우 쉽게 즐기는 일을 찾아서 하는 경우는 드물다. 생계를 위해서, 혹은 유망한 직종이라서 지원하게 되고, 결과적으로 노동은 고될 뿐이라고 생각하게 된다.

즐기는 일이 아니니 더 창의적인 일에 집중하기 어려워진다. 일을 하는 동안 온전히 즐거울 수 없으니 최고의 기술을 만들어내는 데에도 그만큼 한계가 생긴다. 반대로 어떤 일에 미칠 만큼 푹 빠져 있다면 기가 막힌 아이디어로 세계를 뒤흔들 가능성도 생긴다.

그러니 자신이 사장이 되고 싶다면 우선 재미를 느낄 수 있어야 한다. 그러한 일을 찾아내는 것이야말로 가장 중요한 과제일 것이다. 미칠 만큼 좋은 일을 찾았다면 이미 사장으로도 유리한 지점을 선점한 것이다. 이미 그것으로 뛰어난 경쟁력을 확보한 것이다.

:: 시장의 미래를 점검하라

자신이 평생 재미있어 할 만한 후보 분야를 찾았다면, 그와 관련된 시장이 언제쯤 사양화될지, 앞으로도 지속적으로 수요가 생길 것인지 반드시 검토해야 한다. 불과 10~20년 반짝하다가 사라질 분야보다는 꾸준히 성장하는 시장이 아무래도 선택과 집중을 해서 사업의 운명을 걸어볼 만하다.

이것을 쉽게 파악하긴 어렵다. 내 경우엔 화장실 관련 제품을 택하게 된 것이 비교적 단순하다. 그냥 내가 타일을 다루면서 자연스럽게 화장실 제품에 관심이 있었기 때문이다. 그러다가 곰곰이 생각해보니 아무리 시간이 흘러도 화장실이 사라질 수는 없다고 판단했다. 그 안에서도 패러다임이 급변하면서 그 변화에 적응하지 못해 기업이 도태할 수는 있지만, 화장실 수요는 안정적일 수밖에 없었다. 심지어 화장실 제품의 변화 속도도 다른 산업 분야에 비해선 상당히 더딘 편이었다. 즉 스마트폰처럼 막대한 돈을 들여 신제품을 개발해놓고 1년이라는 짧은 주기마다 또 다른 신제품을 출시해야 한다는 부담감은 없었다. 스마트폰의 경우엔 분명 작은 기업보다는 대기업에 알맞은 제품이었는데 화장실 제품이라면 작은 기업에서 능동적으로 변화의 흐름을 주도할 수 있었다. 이처럼 시장의 발전 가능성이나 제품의 주기, 경쟁업체의 상황 등 여러 요소를 고려하여 자신이 지닌 강점을 잘 발휘해줄 분야를 선택하면 된다. 일단 전공을 선택하기 전에는 충분히 검토하면서 가능한 한 여러 가능성을 모두 펼쳐서 고민해보아야 한다.

여러 가능성을 검토하다 보면 윤곽이 나올 것이다. 어떤 사업은 중견기업으로 성장할 만한 아이템일 수 있고, 또 어떤 사업은 발전가능성이 무한대지만 자본이 많이 드는 사업일 수도 있다. 사람마다 하나의 꿈만 있지는 않을 것이다. 사장 지망생 역시 한두 가지 사업만을 꿈꾼 것이 아니라 요즘 잘된다는 소위 '핫'한 사업 아이템들에 관심을 지녔을 것이다. 또한 자신이 그런 아이템을 가지고 사업을 할 경우를 상상해보았을 것이다.

저마다 자신이 고른 사업 아이템을 진지하게 검토해보겠지만, 그다음 바로 자신이 그 사업을 감당할 수 있을지도 함께 생각해보아야 한다. 이때 두 가지를 생각할 수 있는데, 하나는 자신이 지닌 아이디어나 기술 혹은 인맥 등이 그 사업을 소화하는 데에 적합한지 고민해야 한다. 둘째는 그 사업의 크기와 자신의 크기가 맞는지를 검토해야 할 것이다. 예를 들어 기술 개발을 위해 큰돈이 들어가거나 최소 몇 년 이상은 뚜렷한 수익 없이 이끌어야 하는 사업의 경우 그러한 상황을 견딜 수 있는지 신중히 생각해야 한다.

개인적으로 사람마다 자기 그릇이 있다고 판단한다. 흔히 '그릇'이라고 할 수 있는데, 예전에는 '저 사람은 그릇이 작다'라고 할 때 크게 될 인물이 아니라는 의미로 흉보는 뜻이었다. 그러나 여기서 그 말은 전혀 그런 의미가 아니다. 오히려 현실을 직시하고 자신에게 알맞은 일을 찾는 합리적인 표현일 것이다. 만일 자신의 배포가 작고 큰돈을 들여 기술개발을 해낼 자신이 없다면 그것 말고, 책임질 수 있는 일을 찾으면 된다. 괜히 억지로 돈을 끌어다가 스트레스 받고 결국에 망한다면 자기 혼자만의 일로 끝나지 않는다. 사장은 결코 혼자의 몸이 아니라는 것을 명심해야 한다. 예를 들어 직원 30명의 소기업 대표는 120명에서 150명의 생계를 책임진 셈이다. 한 직장인이 가족 3~4명을 부양한다고 가정할 때다. 그러니 만약 기업주가 무리한 사업 확장으로 회사가 어려워지면 100명 넘는 사람이 길거리에 나앉을 수도 있다. 결국 과욕을 부린 대가는 직원들과 그들의 가족에게까지 심각한 피해로 돌아간다.

우리는 가장인 월급쟁이가 가족의 생계를 위해 누군가의 무리한 요구를 묵묵히 참아내는 것을 비겁하다고 비난하지 않는다. 오히려 '끓어오르는 화를 누군가를 위한 책임 때문에 참아내는' 인내와 '사랑하는 이들을 위해 비겁해 보이는 행동까지도 무릅쓰는' 희생적인 용기를 칭찬해야 할 것이다. 그와 같이 생각한다면 자신에게 적합한 일이 작은 일이라면 그것을 겸허히 해내는 것이야말로 대단한 일이다.

적재적소의 미덕이다. 작은 가게 사장이 있고, 중기업으로 성장할 작은 기업의 사장이 있으며, '모 아니면 도'라는 마음가짐을 한 채 엄청난 스트레스를 견디는 첨단 벤처기업의 사장도 있을 것이다. 이를테면 수천, 수만 사원을 거느린 대기업의 독수리 스타일과 서너 명의 작은 사무실을 운영하거나 수십, 수백 명의 직원이 종사하는 닭의 스타일로 나누어 볼 수 있다.

하지만 사업가 스타일을 반드시 규모로만 따질 수 없다. 오히려 자기 그릇에 맞는 일을 꾸리면서 적은 직원이든 많은 직원이든 안정적인 환경을 구축해주는 사장 역시 독수리 스타일로 볼 수 있다.

이는 자기에게 가장 잘 어울리는 자리를 찾아내 즐기면서 잘하는 일로 경쟁력을 확보할 때 실현 가능성이 높아진다. 꼭 있을 때를 알고 거기서 자신의 일을 완수해내려는 자세야말로 많은 이들의 생계를 책임지는 사장의 중요한 덕목이다.

내 경우에는 빚을 내서 사업을 키우지 않는다. 즉 대박을 위해 모든 것을 거는 모험을 하지 않는다. 무리하지 않고 성실하게 기업을 일구는 것이 내게 알맞다. 바로 이러한 그릇에 순응해야 직원과 가족이 고생하지 않는다고 생각했고, 그러한 경영철학을 30년 동안 지켜왔다. 그래서 나 스스로 검증했던 방식에 대해서만 독자에게 권유할 것이다.

내 경험에 비추어본다면, 많은 후배들에게 가급적 무리하지 않고 사업을 안정적으로 운영하는 쪽을 권장한다. 다른 분야의 사업 스타일은 내가 경험하지 못했지만, 안정적으로 기업을 꾸리는 것만큼은 자신할 수 있기 때문이다.

아직 사업체를 이끌어보지 못한 사장 지망생으로서는 자신의 그릇이 어느 정도인지 알 수 없을 때가 많다. 그렇다면 '우선은 안 망하고 사업을 안착시킨다는 기분으로' 사장의 세계에 입문하는 것이 좋다. 처음부터 과욕을 부리지 않아야 한다. 사업할 돈이 없다면 억지로 사업자금을 마련하지 말고, 직장생활을 하면서 단계적으로 착실히 준비해두어야 한다. 또 몇 년 뒤 준비가 웬만큼 되었을 때는 준비한 자금 규모에 맞게 욕심 부리지 말고 사업을 시작해야 할 것이다.

큰 꿈은 꾸되 현실을 외면해서는 안 된다. 모두가 힘들어질 수도 있고, 그중에서도 사장 스스로 가장 큰 어려움을 겪을 수 있기 때문이다.

미래의 사장님을 위한 명심보감

　　언젠가 사장 지망생들은 사장으로 데뷔하기 얼마 안 남은 순간을 맞이할 것이다. 꿈을 이룰 순간이 다가왔을 때 자신이 과연 사장에 적합한지 냉철하게 되짚어보길 바란다.

그동안 자신이 사장 체질을 잘 계발해왔는지, 직장에서 충실히 생활하면서 사장 모의훈련을 충실히 했는지, 사장에게 필요한 필수과목들은 잘 이수했는지 여러 부분을 확인하면서 가장 기본적인 질문을 스스로에게 해볼 필요가 있다. 그리고 지금부터 제시하는 부분을 꼭 스스로에게 확인해보았으면 한다. 만일 이것도 지키지 못한다면 여전히 수련을 더 해야 한다고 말하고 싶다.

:: 직원들 월급 제때에 못 준다면 사업을 접어야 한다

우선 사장이라면 직원들에게 매달 약속한 날짜에 월급과 공

과금을 지급할 수 있는 회사를 만들어야 한다. 이를 위해 당연히 돈을 버는 것이 최우선적인 목표가 되어야 한다.

이것은 나의 자부심이기도 하다. 지난 30년 간 360번쯤 되는 월급 지급을 하루도 미루지 않을 수 있었던 것도, 이를 최우선의 목표로 삼았기에 가능했다.

혹자는 이를 두고 돈을 벌었기 때문에 자랑삼아 얘기할 수 있는 것 아니냐는 말을 할 수도 있다. 하지만 선후관계가 잘못되었다. 이러한 의무의 이행은 '회사 공동체와 운명을 함께하는 직원들에 대해 사장으로서 갖추어야할 최소한의 기본자세'이기 때문이다. 이를 지키지 못한다면 안 된다. 더 큰 돈을 벌기 위해 이러한 중요한 의무를 이행하지 않고, 잠시 우선순위 뒤로 미루는 것 역시 안 된다. 무리하게 사업을 확장하다가 직원들 월급도 제대로 줄 시기를 놓쳐야 한다면 사업을 하지 말아야 한다.

절대 남의 인생을 걸고 무리하지 말아야 한다. 사업체가 위기를 겪을 수는 있다. 그렇다고 직원들 월급을 1년씩 미뤄가며 "조금만 참으면 모든 게 풀린다"고 지키기 어려운 약속을 하면 안 된다. 때로는 빠져나와야 할 때는 알고 과감히 결단하는 것도 능력이다.

더구나 사장은 자기 자신의 문제만 해결하면 되는 사람이 아니다. 사장에게는 언제나 함께하는 사원들이 있고 협력체 관계자들이 있다. 만일 사업이 어려워질 듯하면 재빨리 수습해야 한다. 이상 징후를 늦게 알아차리면 통제 불능 사태로 휘말려 들어갈 것이다.

그리고 사업을 접어야 할지 결정해야 하는 상황이 온다면 그 여부를 빨리 결정할수록 좋다. 나는 그 기준을 직원들 월급도 제때에 못 주는 시기로 정하고 있다. 그런 약속 덕분인지 여태껏 한 번도 월급 지급일을 어긴 적이 없다. 그들도 가정이 있고 자신의 삶을 위해 회사에서 일하고 있다. 그들의 삶을 저당 잡을 순 없는 것이다. 그것이야말로 사장으로서 내가 할 수 있는 최선이라고 생각한다. 사업을 철저히 파악하고 있다면 위기 상황을 간파하고 월급을 주지 못해 그들의 삶을 붙들고 있는 상황까지 내몰리지 않는다.

개인 성향에 따라 그런 위험을 감수하고서라도 성장을 위해 도박하는 경우도 있다. 만일 이 책을 읽고 있는 사장 지망생 중에서도 그것이 당연하다고 여기는 사람이 있다면 지금 이 순간 생각을 고쳐주길 바란다. 누구에게나 삶은 녹록하지 않다. 누구나 사장처럼 생각하는 것이 아니어서, 그런 도박이 싫었기 때문에 안정적인 회사원 생활을 택한 사람도 있다.

그들에게 월급을 제때에 주는 것만큼 중요한 일은 없다. 그것을 어길 일을 만들지 않아야 한다.

:: 직원을 믿는 일은 사장 업무의 시작이다

사장은 직원과 함께 사업을 하므로, 직원을 신뢰해야 한다. 그렇지 않으면 큰일을 도모할 수 없다. 작은 업체라면 사장이 꼼꼼히 확인하는 것이 필수겠지만 그것은 자기 스스로 관리한다는 개념이지 직원을 의심하라는 뜻이 아니다.

사업이 확장되면 각자가 맡은 일이 많아지고 바빠진다. 이때 직원을 믿지 못하면 사업한다는 자체가 불가능해진다. 결국 누군가에게 일을 맡겼으면 신임하는 수밖에 없다.

사장이 모든 일을 다 하려고 하면 자신도 피곤하고 직원들도 일할 의욕이 떨어진다. 신임이나 권한 위임의 능력은 상사의 덕목이기도 하다. 직원들에게 적절히 권한 부여를 하지 않고 스스로 다하려 한다면 아무리 능력이 좋아도 결국 한계에 부딪힌다. 그렇기에 부서를 여러 개로 나누고 여러 사람을 뽑는다.

그런데 만일 혼자서 다하고자 한다면 1인 업체 정도의 사장이 어울린다. 그런 사장 지망생이 혹시 큰일을 도모하기 위해 무리하게 자금을 마련해서 사업을 크게 벌이려고 한다면 다시 한 번 생각해주길 바란다.

사업은 애초에 신뢰하지 않으면 진행될 수 없고 사업이 커질수록 신용장사가 되기 마련이다. 사장은 결국 자신이 다 챙기더라도 직원들에게 그들을 믿고 있다는 것을 자연스럽게 보여주고 끈끈한 유대를 만들 필요가 있다. 그 역시 사장의 능력이다.

:: 약속을 잘 지키는 것은 뛰어난 사장의 능력이다

약속을 어기는 것 역시 사장이 해서는 안 되는 금기사항이다. 만일 돈을 빠르게 많이 버는 것만 생각한다면 약속을 어기는 것은 별 상관이 없을 수도 있다. 심지어 법을 어기며 은행을 턴다면 돈을 더 빨리 벌 수 있을 것이다. 그러나 그러한 무모한 선택은 결국 패가망신으로 가는 지름길이 된다. 기업 활동의 규칙을 지키더라도 마찬가지다. 신뢰가 생명인 기업 활동에서 약속을 어기면 일단 일차적으로 계약 위반에 따른 법적 책임을 져야할 것이다. 그런데 그것으로만 끝나지 않는다.

중대한 약속을 어겨서 파트너에게 피해를 끼친다면 신용 장사를 하기 어려워진다. 이건 법적인 책임보다 더 무서울 수도 있다. 도의적인 문제와 관련되는데 자주 약속을 어기는 리스크가 있을 때 상대는 우리와 거래하려 들지 않을 것이다. 결국 회사의 존폐 위기를 겪을 수도 있는 중대한 문제인 셈이다.

역시 상대방의 신뢰를 얻으려는 태도는 매우 중요한 성공의 비책이다. 이를 위해서는 말과 행동을 항상 신중하게 하여 책임질 수 있어야 한다.

특히 작은 가게나 업체일 경우 구두 계약만으로 일이 진행되기도 하고, 그러다 보면 문제가 발생했을 때 이를 증명하기 어려워진다. 이를 악용하여 편법적으로 약속을 어긴다면 그 업체의 수명은 그만큼 짧아진다. 사소한 말 한마디를 신중하게 책임지는 신뢰받는 행동 하나로도 눈에 보이지 않는 업체의 수명을 계속 늘려갈 수 있다는 사실을 명심해야 한다. 너무나 기본적이지만, 너무도 기본적인 것이기에 강조해본다.

사장은 스트레스를 감내해야 하는 자리다. 사업이 안 될 때는 직원들이 먹다가 버리는 커피믹스까지 크게 보이고, 컴퓨터를 켜놓은 채 사무실을 나가는 직원이 얄밉게 보인다고도 하는데, 그런 작은 가슴으로는 될 일도 안 된다. 대개 그런 사장님의 경우엔 월말이 오면 직원들 월급 주기 위해 과연 현금이 맞춰질지 시름하게 된다. 또 어음만 받고 아직 현금화되지 못한 금액 때문에 답답해한다.

누구나 이를 유쾌하게 여길 리 없지만, 유독 새가슴인 사장님들이 있다. 이럴 경우 되도록 작은 사업을 권한다. 아니, 차라리 안정적으로 월급 받고 일하는 정규직이 알맞을 것이다.

사장은 각종 스트레스를 견뎌야 하고 어디서든 돌출될 수 있는 리스크에 담대해져야 한다. 압박하는 파트너의 질문에 호쾌하게 웃어젖히며 상대에게 오히려 배포를 보여 사업 상태가 건재하다는 것을 은근히 과시해야 할 때도 있다.

그러므로 때때로 사장은 단순해야 한다. 복잡하게 생각하면 나약해질 일들이 있는데, 그런 것을 너무 개의치 말고 앞만 보고 달릴 필요도 있다.

나는 사업을 게임이라고 생각한다. 그것도 매우 즐거운 게임이다. 이를 절체절명의 생존으로만 여긴다면 매순간이 심장 떨릴 일로 가득하다. 대부분 사업가들이 자식에게 사업을 물려주는데, 이때 단순히 회사를 물려주는 것이 아니라 담대한 마음가짐을 물려주는 셈이다.

사업을 하면서 인생이 얼마나 짜릿한지 알게 해주고 싶은 것이다. 이러한 느낌은 경험해보지 않고는 쉽게 상상할 수 없다.

평범한 일상이 마치 동네수영장에서 수영하는 것이라면, 사장 자리에 있는 순간은 파도치는 바다에서 수영하는 느낌이라고 해야 할까? 또한 바이킹이나 허리케인 롤링 엑스트레인, T익스프레스를 즐기는 기분 같다고 해야 할 것이다.

스릴을 즐길 줄 알아야 한다. 세상 사는 것에도 맛이 있는데, 싱거운 맛의 삶보다는 자극적인 맛의 삶이 좋다. 달든지 짜든지 맵든지 대개 자극적인 맛이 좋다. 사장의 삶은 늘 살얼음판을 걷는 스릴의 맛이다. 그 살얼음판을 두껍게 만들어가는 맛이다.

그 스릴 속에 직원의 목줄까지 걸면 안 되겠지만 허락된 스릴은 생활화해야 한다. 이 맛을 즐길 수 없다면 사장을 하기엔 체질적으로 맞지 않다. 담대한 스포츠맨으로 스스로를 만들어나가야 한다. 심장이 약하면 안 될 일이다.

:: 사장의 일은 일이 아니라 삶 자체다

사장은 일 중독자여야 한다. 일하는 것이 재미있어서 미치겠다는 생각을 할 정도는 되어야 한다. 내 경우엔 30년 동안 가족 휴가도 제대로 가지 않았다. 최근에는 부모님을 모시고 가족 여행을 가려고 일부러 시간을 내기도 하지만, 예전에는 일에 푹 파묻혀 살았다. 그것을 일이라고 여기지도 않았다. 그냥 내 생활이었고 내 밥이었고 내 예능 프로그램이었다. 그곳에 내 모든 삶이 있다고 해도 과언이 아니었다. 당연히 가정도 사무실이었던 셈이다.

가족들에게는 조금 미안하기도 하지만, 나는 정말이지 사장 일이 마음에 들었다. 그래서 일요일이 따로 없었다. 잠자는 시간을 빼면 모든 순간이 일의 연속선상에 있었다. 직원들의 입장에서는 부지런한 사장이 부담스럽겠지만, 그래도 사장이 게으르면 안 된다고 생각한다. 이것만큼은 누구의 눈치도 볼 것 없이 내 뜻대로 해야 한다.

작은 기업의 사장이라면 미쳤다는 소리를 들을 만큼 일에 집중해야 한다. 직원들의 볼멘소리를 들어본 적이 없다면 반성해야 한다. 뭘 해도 화끈해야 하는 성미 때문인지 나는 그냥 내 느낌을 따라가면 되었다.

직장생활을 할 때도 일요일에 그냥 심심해서 일터로 나갔기에 사장 일이 전혀 위화감이 없이 자연스러웠다. '내 옷은 원래 사장이었구나!'라고 느낄 만큼 편했다. 때로는 다른 직원과 보조를 맞추며 적당히 일하는 경우가 다른 직업군에선 종종 있다는 소리도 들은 적이 있는데, 그런 면에서 보면 나는 정말 다행이다.

사장은 그런 눈치를 볼 필요가 없기 때문이다. 그런데 이것은 사실 선택사안은 아니다.

다시 말하지만 사장은 일에 미쳐야 한다. 특히 작은 기업이 살아남을 길은 그것밖에 없다. 여러 위협 요인에 쉽게 흔들릴 수 있는 것이 작은 기업이다. 누군가에게 맡겨놓고 한눈을 팔았다가는 불과 몇 년 사이에 거덜 날 수 있다. 이것은 큰 기업이라고 해도 마찬가지다. 정도의 차이만 있을 뿐 사장이 한눈을 팔면 반드시 문제가 생긴다.

그러니 사장은 쉬어서는 안 된다. 자기 돈이 들어갔고 자기의 땀이 오롯이 밴 채 태어난 자식이 자기 기업이다. 그 기업을 키우거나 간병할 사람도 사장 자신이어야 한다. 일을 숙명으로 여겨야 한다.

사장은 일거리를 찾아내거나 도모하기 위해서 협력자를 만나야 한다. 당장 눈에 보이는 협력자가 아니더라도 잠재적인 인맥 모두를 소홀히 해서는 안 된다. 언제 어디서 어떤 방식으로 그들이 사업에 도움을 줄지 알 수 없는 일이다.

사장은 항상 그런 인맥을 소중히 여겨야 한다.

이를 위해 사람을 자주 만나야 하니, 이것을 일이라고 여기고 부담스러워 해서는 안 된다. 사회인이라면 당연히 그래야겠지만, 사장으로서는 더더욱 그래야 한다.

사장이 할 일이 없거나 사업에 무관심해서 골프를 치는 것이 아니다. 때로는 골프에 별 관심이 없어도 골프를 배워둔다.

내 경우에는 솔직히 탁구를 좋아한다. 평소에는 작은 테이블에서 상대와 작고 가벼운 공을 똑딱거리면서 친목을 다진다. 예전에는 정신력 강화와 극기 자세를 만들기 위해 합기도와 태권도 등 무예를 배우기도 했다. 그러다 보니 합이 7단인 고단자가 되었다. 힘든 일을 견디며 홀로 수행하는 느낌이 그야말로 쾌감까지 준다.

골프에 관심을 지닌 건 2000년대가 넘어서 중국에 사업체를 만든 뒤였다. 아무래도 그쪽의 유력인사들과 친분을 쌓아야 하기도 해서 배우기 시작했다. 승부의식이 워낙 강해서 골프 실력을 키우기 위해 아침부터 홀로 묵묵히 그라운드를 돌기도 했지만, 단순히 혼자서 골프를 즐기기 위해서 그랬던 것은 아니다. 사장은 때로는 남들이 있는 장소에 가기 위해 그들의 규칙을 알고 익혀야 한다. 작은 업체의 사장이라면 골방에 앉아서 자기 일을 할 수도 있겠지만 그 경우에도 제대로 사업을 흥하게 하려면 절대 혼자 있어서는 안 된다. 사업은 혼자 하는 게 아니다. 누군가와 함께 할 수밖에 없는 것이 사업이어서 대인관계 기술이 '시작의 반'이라고 할 수 있다.

고기 집 사장님처럼 개인 장사라고, 혼자 있어도 되는 것이 아니다. 질 좋은 고기를 재료로 쓰기 위해서는 좋은 고기를 공급하는 곳으로 찾아가 안면을 트고 물량을 받기 위해 노력해야 한다. 그렇게 하려면 여러 사람과 만나야 한다.

동네마다 가게가 있는데 가게마다 물건에 조금씩 차이가 나는 것도 바로 사장의 인맥이 어느 정도인지를 반영해준다. 어떤 사장은 오래 거래하던 각 분야의 영업사원들과 안면이 있다 보니, 재주껏 물건을 싸게 들여오는 법을 안다.

그렇기에 사람과의 만남을 즐기지 않으면 곧 사장으로서의 능력이 낮다고 할 수 있다.

정말로 사람을 만나는 게 싫은 사람이라면 사장 데뷔를 신중히 재검토해야 할 것이다.

:: 동업하지 마라

사장 지망생이라면 미래를 준비하는 과정에서 여러 사람을 만나서 자문을 구할 것이고, 그러다 보면 정말로 성향이 잘 맞는 멘토를 만날 수 있다.

의기투합이 되는 사람을 얻기도 할 것이다. 그렇다고 동업까지 할 필요는 없다. 아니, 동업은 되도록 하지 않는 것이 좋다. 상대의 관여 범위를 분명하게 정하되, 동업은 비추천이며 멘토는 괜찮다. 대개 멘토는 사장에게 적절한 사업 방향을 조언해준다. 그렇다고 멘토는 돈을 투자하지는 않고 순수하게 외곽에서 사장에게 조언해줄 뿐이다. 그런데 좋은 사업 아이템일 경우 함께 동업하자는 경우가 생길 수 있다. 현실적으로 자금이 부족한 경우라면 이러한 제안을 꽤 매력적으로 여길 수 있다.

러닝메이트와 함께할 경우 창업의 순간이 앞당겨지기 때문이다. 이럴 때 진지해질 수밖에 없다. 또한 자신이 어떤 아이디어를 확보하고 있는데 그 아이디어를 온전히 실현할 기술을 확보하지 못한 경우에 단점을 보완해줄 동업자를 물색할 수도 있다.

이처럼 부득이하게 동업하더라도 되도록 빨리 갈라서는 것이 좋다. 이때 둘이서 사업체를 분리하는 방법보다는 한쪽에서 사업을 전담하고 동업자에게 충분히 보상을 해주어 손을 떼게 하는 것이 현명하다. 작은 기업이 분리까지 되어버리면 그건 전혀 다른 사업체가 되기 때문이다.

그건 다시 원점에서 시작해야 하는 것을 뜻한다. 그러면 두 사업체 모두 생존을 보장할 수 없게 된다. 결국 동업자 중 한쪽이 일정한 몫을 챙기고 떠나는 것이 최선책이다.

물론 그것은 말처럼 쉽진 않아서 조율 과정에서 잡음이 생기기도 한다.

또 사업하는 동안에도 서로 경영 마인드가 달라서 사사건건 대립할 수도 있다. 투자한 지분에 따라 배분이 제대로 되는지 일일이 따지는 상황에 이르면, 돈 문제로 그동안 잘 쌓아온 인연이 통째로 망가질 수도 있다.

심지어 어렵게 일궈서 세워놓은 자신의 생명과도 같은 사업체가 내분 탓에 크게 흔들릴 수도 있다. 그러니 동업이 지름길이라고 해서, 선뜻 발을 내디디지 않길 바란다. 차라리 시간을 더 걸리더라도 착실히 준비한 뒤 처음부터 온전한 자립이 가능할 때 사장의 꿈을 펼치는 것이 바람직하다.

신나게 돈 버는 청년 사장학 입문서!

2부

사장은
실천한다

망하지 않는 사업이 진짜 사업이다

　사장으로 첫발을 내디뎠다면, 큰돈을 벌기 위한 무리수를 두지마라. 큰돈을 벌려는 것에 몰두하기보다는 우선 자기 회사를 망하지 않는 회사로 만들어야 한다. 망하지 않는 사업가가 진짜 사업가라는 점을 명심해야 한다.

사업을 윷놀이로 비유하자면 '도' 아니면 '모'가 아니고 '개'나 '걸'로 가야 한다. 한방에 돈 버는 사람은 한방에 가기 쉽다. 한방에 큰돈을 벌수도 있겠지만 언젠가는 마지막 한방으로 재기를 할 수 없을 정도로 영원히 가는 사람을 많이 보았다. 고속도로에서 과속하는 것과 다를 바 없다.

인생을 짧고 굵게 살면 멋지긴 하겠지만, 진짜 삶은 그렇지 않다.

가족을 부양해야 하고, 무수한 어려움에 봉착한다. 무엇보다도 영화처럼 나 스스로 멋지게 될 때 모두가 두루 행복해지는 것도 아니다. 모두와 함께 가기 위해선 주변을 살피면서 조심스럽게 걸어야 한다.

천천히 가라. 우리가 평생 밥 먹고 살아가야하듯이 사업도 과식하면 체한다. 사업도 생활이다. 100세 시대에 맞추어 작아도 100년 기업으로 만든다는 자세가 꼭 필요하다. 이때 초보 사장이라면 일단 망하지 않는 법부터 터득해야 한다.

'걸어서 올라갈 것인가? 케이블을 타고 올라갈 것인가? 기차를 타고 갈 것인가? 비행기를 타고 갈 것인가?'

우린 배워야 할 일이 많이 있다. 세상엔 볼 것이 무척 많고, '백문이 불여일견'이라고 했다. 사장을 하면 이 모든 것을 일일이 겪어내야 한다. 이제는 모의훈련 단계가 아니라 직접 사장으로 모든 것을 실전으로 겪어야 한다.

:: 내실을 다져라

1986년 500만 원의 자본으로 3평짜리 사무실을 마련하고 창업했을 때는 그저 한 사람의 몫을 제대로 하자는 생각뿐이었다. 1인 기업으로 시작해서 7년 만에 7층짜리 단독사옥을 올렸고, 2015년 현재 경기 김포와 충북 음성에 16,000평 규모의 공장과 물류센터를 보유하고 있다. 당시에는 이렇게 사업이 커지리라곤 미처 예상하지 못했다.

그때는 그저 사무실 부담을 최소화하기 위해 서울 신정동 부모님 집 옆의 신문 보급소 골방에서 전화기를 놓고 사업을 시작했다.

책상 하나, 전화 한 대, 할부로 뽑은 차 한 대가 전부였다.

당시 신차 가격도 1,000만 원쯤 할 때였으니 500만 원은 결코 큰돈이 아니었다. 그저 회사에서 직장생활을 했던 경험, 그 뒤 대학교 때 용돈이나 벌어볼까 해서 시작했던 무역업이 단초가 되어 지금까지 사업을 하고 있다.

애초에 사장으로 나 자신을 생각해본 적이 없었으므로 큰 욕심 없이 자그마한 업체를 잘 운영하면 그뿐이었다. 사업이 흥하면서 확장하기 시작했고 욕심도 생겼지만, 한 가지를 명심했다. '감당할 수 있을 만큼만 한다.'

이것은 내 방식이다. 이 원칙, 즉 직원들에게 월급을 제때에 줄 수 있고 내 능력 범위 안에서 사업을 지켜내면서 기름기를 빼고 건강한 체질의 회사를 유지하는 것이 내게는 무엇보다도 중요했다. 어떤 경우에도 흔들리지 않으려면 내실을 다져야 했다.

그러기 위해선 우선 될 것 같다고 은행 돈 빌려 쓰지 말자는 생각을 했다. 또한 가족이나 친구들에게 차용과 보증을 서달라고 부탁하면서까지 사장이 되려 한다면 아예 처음부터 사업을 하지 말아야 한다. 내 여력이 된다면 투자해볼 수 있지만, 이미 다른 데서 돈을 끌어다가 써야 한다면 그 순간 마음속으로 '정지!'를 외쳤다. 무리한 투자는 자기나 회사에도 독이 되고 모두에게 민폐다. 감당할 수도 없으면서 무작정 벌려놓으면 그 뒷수습은 누가 할 것인가? 누구나 쉽게 생각할 수 있지만 사업자금은 결코 쉽게 생각해서는 안 된다. 친척이나 친구, 동창 등 지인으로부터 빌리거나, 은행에서 대출을 받으려는 생각을 한다면 그 사업으로 성공하기가 쉽지 않다.

물론 혹자는 이러한 태도가 수세적인 것 아닌가 의심하기도 하고, 사장이라면 적극적으로 모험할 수 있는 자세도 필요한 것 아닌가 반문하기도 할 것이다. 또한 혹자는 '사업은 안 되어도 자금이 필요하고, 설령 잘 되어도 자금이 항상 모자란다'고 말하곤 한다. 하지만 사장이 되려면 남에게 의지하려는 마음이 1%라도 있으면 안 된다. 더 벌어보겠다는 욕심보다 '지금 가진 것을 지키며 간다'고 생각해야 한다. 자기 숙제는 혼자서 풀어야 한다. 그것이 사장이 될 수 있는 기본자세다.

농담 아닌 농담으로, 은행은 빛과 그림자가 있어서 우리에게 희망의 '빛'이 아니라 어둠의 '빚'을 파는 곳이라고 한다. 중소기업 사장들 사이에서 은행은 "맑을 때 우산 빌려주고 비 올 때 우산 뺏는" 곳으로 불리기도 한다. 그러니 대출을 받아 무모하게 투자하려는 시도에 절대 반대한다.

빌려야 할 경우를 애초에 만들면 안 되지만, 아주 제한적으로 꼭 빌려야 할 경우가 생긴다면 그것을 어떻게 갚아나갈 것인지 먼저 생각해야 한다. 항상 최악의 경우도 염두에 두고 계획을 세워야 한다. 목숨 걸고 도박해야 할 상황이라면 빨리 직원들에게 위로금을 주고 자신도 사장직을 내려놓아야 할 것이다.

만일 좋은 기업이었다면 상황이 이 지경이 되진 않았을 것이다. 좋은 기업은 태생적으로 매우 꼼꼼하다. 꼼꼼해야만 살아남을 수 있다. 자기 능력을 냉철하게 평가하며 부풀어진 허세 같은 가치를 잔인하리만치 철저하게 분석해서 진짜 실용적인 가치만으로 평가한다.

흑자부도란 말이 있다. 흑자였음에도 현금이 돌지 않아서 부도 처리되는 억울한 상황을 일컫는데, 좋은 기업이라면 이런 황당한 일이 발생할 수 없다. 기업 활동은 신용 장사라고 하지만 언제나 자기 스스로를 책임질 수 있는 범위 내에서만 그래야 한다. 당장 직원들 월급을 줄 돈이 없어 돈을 끌어다 쓰면서 정작 받아야 할 돈을 받아내지 못하면 헛고생한 것이다.

실속을 챙겨라. 아무리 오래된 거래처라도 나름 꼼꼼히 점검해야 한다. 겉으로는 서로 그러한 차가운 면을 드러내서는 안되기에 높은 대인관계 기술을 요구하는 부분이다. 인간적이되, 따질 것은 따져야 한다. 세부적인 것이나 일상적인 것이라고 느슨하게 넘기면 안 된다. 그 하나하나가 쌓여서 바로 기업의 전통이 되고 체질이 된다. 직원들에게 꼼꼼함을 습관화할 수 있도록 기업 문화를 만들어나가야 한다.

이를 위해 자기 회사에 맞는 맞춤형 체제도 필요하다. 어떤 학자는 도덕군자 같은 방식의 가치를 회사에 적용하여 경영자가 〈논어〉를 읽어야 한다고도 하고, 어떤 일본 사업가는 작은 기업은 독재가 맞다며 귀 기울이지 말고 사장이 결정하고 사장이 책임지라고 말한다.

다 그럴 듯하고 다 멋진 말이다.

하지만 모든 경우에 맞는 원칙이란 있을 리 없다. 어떤 이에게 맞는 것이 내게는 잘 맞지 않고 또 어떤 이가 말한 것이 항상 맞거나 전적으로 틀린 경우도 드물다.

그럼에도 공통적인 노하우는 있을 것이다. 예를 들어 사장은 끈끈한 유대로 직원들을 성심껏 대하고 협력체와 신뢰를 쌓기 위해서는 반드시 상도덕을 잘 준수해야 한다. 오로지 이익만을 좇는 약삭빠른 행보로는 장기적으로 자기 손실을 자초하게 된다. 얄팍한 장사꾼이 되어서는 안 된다.

때로는 사장 홀로 책임질 것을 각오하고 모두의 어깨에서 짐을 받아 사장이 짊어진 채 "전군 앞으로!"를 외칠 수 있어야 한다. 작은 기업이 적은 자본과 몇몇의 강점으로 시장에서 살아남아 군림할 수 있으려면 소수 정예군으로 일사불란하게 움직여야 한다. 이에 맞는 방식은 독재적 카리스마를 지닌 사장의 강력한 일인 지배일 수는 있다.

내 경우에도 이 두 가지 가치에 모두 공감하면서 나만의 방식을 세웠고 지금까지 유지하고 있다. 우선 귀를 열어두어야 할 것이다. 직원들의 능력을 존중하고 최대한 그들의 능력에 따른 의견을 종합하여 결정을 내리기 전까지 심사숙고한다. 실수를 줄이기 위한 최선의 과정일 것이다.

또한 사장이 주도적으로 결정을 내리고 전적으로 사장이 책임을 져야 한다. 직원들은 책임을 지는 것을 부담스러워한다. 자기 사업체가 아니라서 그럴 수도 있지만, 그들에게 권한을 주어 동기를 자극할 순 있어도 책임을 주어 족쇄를 강조하게 되면 경험상 제대로 된 성과가 나오지 않았다. 자칫 면피성 변명을 찾으려는 일에 쓸데없는 시간을 낭비하게 될 것이다.

그러한 책임을 사장 자신의 어깨에 짊어져야 한다. 어차피 작은 기업에서는 1인 기업과 유사한 면이 있는데 여전히 사장의 독자적인 그림을 유지하고 미래를 향해 적용해나갈 수 있다는 것이다. 중기업이나 대기업만 되어도 여러 이해관계가 복잡하게 얽혀서 대주주부터 소주주까지, 거기에 국가와 은행 그리고 국민까지 각종 의견을 제시하여 자칫 배가 산으로 갈 수 있다. 대기업쯤 되면 더는 개인의 사업체라고 하기도 어렵다. 그러다 보니 최고 결정권자 혼자서 기업의 운명을 좌지우지할 결정을 하는 구조를 비판하는 여론도 있지만, 작은 기업은 엄연히 다르다. 대개 개인 업체이고, 몸집이 작아서 경제 재난에 취약하다. 발 빠른 피신이나 적극적인 대처가 생존의 필수 요건인데, 의사 결정 구조가 복잡해서는 치명적일 수 있다. 여기저기 의견을 다 듣고 결정도 함께 내리고 나면 자칫 책임질 사람이 없어 내분이 생긴다. 골든타임(사고나 사건에서 인명을 구조하기 위해 결정적인 초반의 1~2시간)을 놓친 작은 기업은 시장에서 사망할 가능성이 높다. 다시 말하지만, 일사불란해야 한다. 생존경쟁이라는 것을 명심해야 한다.

사장 혼자 다 짊어지되 대신 사장이 원하는 일을 해라. 다른 이의 의견은 참고할 뿐이다. 그런 식으로 의사결정 과정에서도 군더더기를 줄이고, 그들이 불만 없이 따라올 수 있도록 배려하는 것도 잊어서는 안 된다.

근육질 기업이 되어 시장이라는 링 위에서 일단 살아남았다면 그다음을 도모할 수 있을 것이다.

:: 현상유지는 탁월한 기술이다

그런 점에서 현상유지를 위한 노하우는 매우 중요하다. 작은 기업은 언제든 위기에 닥칠 수 있기에 무리한 확장보다는 안정적인 경영을 해야 한다. 그렇다고 마냥 있는 것으로 장사를 하려다가는 자칫 새롭게 변화하는 시장에 적응하지 못하고 역풍을 맞게 된다.

결국 돌다리를 건널 때는 과감히 건너야 한다. 누가 봐도 튼튼한 상황에서도 무조건 위축되어 단단한 경영만 하는 것은 사업 자체를 크게 흔드는 대지진에는 취약하다. 즉 새로운 패러다임으로 기존 패러다임이 교체된다면 실로 난감해진다.

대기업마저 무너뜨리는 엄청난 격변기에는 그 누구도 생존을 장담할 수 없다. 작은 기업으로서는 예상하기 어려운 재난이기도 하지만, 조금만 준비해두면 의외로 기회가 될 수 있다. 이를 위해서 작은 기업 역시 미래를 준비하면서 조금씩 나아가야 할 것이다.

그런데 내실을 다지기 위해서 극도로 지방기를 빼버린다면 이러한 모험이 가능할까?

결국 꼼꼼히 따져서 꼭 해야 할 투자는 실속 있게 해야 할 것이다. 동시에 물러서야 할 때는 분명한 기준을 정해서 냉철하게 진행해야 한다. 결정되었으면 망설이면 안 된다. 그래도 '가능성이 있지 않을까, 그동안 투자한 금액이 있는데 어쩌지?'라는 생각을 하고 지연하는 순간 손해는 눈덩이처럼 불어나서 회사에 치명적인 타격을 줄 수 있다. 이러한 결정을 신속하게 하려면 회사가 감당할 수 있는 수준의 투자비용이 책정되어야 한다. 투자할 때는 투자에 따른 약간의 손실쯤은 각오하고 있어야 한다. 자연히 투자할 범위가 정해질 것이고, 다른 비용을 아껴서라도 그만큼의 투자는 해야 한다.

작은 기업은 항상 커지는 것도 아니고 항상 그대로 있는 것도 아니다. 때로는 지금보다도 몸집을 줄일 수도 있고, 때로는 몸집을 크게 만들 수도 있다. 이때 신속하게 규모를 축소할 수 있는 매뉴얼을 갖추고 위기 징후를 감지했을 때 빠르게 생존모드로 돌아설 수 있다면 그 기업은 망하지 않는다.

이를 위해서는 믿을 만한 외주업체를 물색해서 상생 발전하는 방안을 치열하게 모색해야 한다. 작아질 수 있는 능력은 곧 외주를 활용하는 능력으로도 말할 수 있다. 모든 것을 혼자 다 하려고 하지 마라. 그러다가 모든 것을 제대로 해내지 못하고 결국 크나큰 손실을 지속적으로 떠안아야 할 수도 있다.

우리 회사가 꾸준히 성장할 수 있었던 것도 협력 상생의 미덕 덕분이었다. 특히 사업 초창기에 태국의 5대 그룹 중 하나인 K 양변기 제조업체와의 OEM 생산 협력에서 매우 훌륭한 성과를 냈기 때문이다. 이때 국내의 건설 특수를 읽고 막대한 물량을 맞추기 위해 반드시 우수한 품질의 양변기를 확보해야 했다.

그런 과제를 안고 여러 곳을 물색하다가 가격 면에서나 품질 면에서 OEM 적격 대상을 태국 업체인 K공장이라고 여겼다. 한국의 대기업들이 K공장의 한국 총판을 따내기 위해 경쟁에 뛰어든 상황에서 우리에겐 가능성이 높은 경쟁이 아닌 것처럼 보였다. K공장 측에서도 우리 협상단을 4번이나 거절했다. 이처럼 협상 난항도 있었지만 끈기와 비전으로 그들을 설득하여 결국에는 그들로부터 한국 총판을 따내는 데에 성공한다. 그렇게 해서 호황기에 하자 없이 물량을 공급할 수 있었다.

심지어 해외업체에서 양변기를 생산했음에도 1년 동안 서류 심사를 준비하고, 1주일간의 강도 높은 태국 현지 공장 실사까지 받은 뒤 KS마크를 획득할 수 있었다. 공산품으로서는 한국 최초로 태국 상품의 KS마크 획득이어서 태국신문에도 대서특필 됐었다. 매우 성공적인 파트너십이었다.

이러한 성과 덕분에 나는 태국의 K공장에서 중요한 인물이 되었다. 나 역시 당당하게 우리의 조건을 요구할 수 있었다. 즉 태국에서 양변기를 만들되 우리 상표를 다는 '주문자상표 부착 생산'이 가능해진 것이다. 그렇게 제품과 박스에 '동원'과 '인터바스'라는 우리 고유 브랜드를 쓸 수 있었다.

당시 우리 회사로서는 최상의 선택이었다고 할 수 있다. 그러한 성공 사례 덕분에 몸집을 가볍게 하면서도 해외 시장 진출에도 적극적으로 관심을 기울일 수 있었다. 이러한 상황에서 만일 실패했더라도 재빠르게 작아질 능력을 확보해두었기에 오히려 산뜻하게 중국 진출을 위해 노력할 수 있었다.

일류 사장은 확장을 과감하게 하다가도, 달콤해 보이는 성공의 길목에 매우 깊은 늪이 있다는 것을 알고 완급을 조절할 수도 있어야 한다. '성공을 포기하는 것' 역시 매우 중요한 사장의 기술이다. 특히 '팔리는 제품'을 포기하는 것은 결코 쉽지 않은데 출판과 같이 위탁 장사의 경우에는 잘 팔릴 때를 조심해야 한다. 갑자기 불티나게 책이 팔리다 보니 재고를 확보해두기 위해 더 찍게 되고, 이것을 서점에 뿌렸더니 어느 날부터 느닷없이 책이 전혀 안 팔리는 것이다. 그러면 모조리 반품돼 들어온다. 언뜻 큰 이익이 날 것으로 생각했는데 결산해보면 손해일 때가 많다고 한다. 그래서 성공하는 순간에도 사장은 언제든 미묘한 변화를 예의주시하면서 '공격적으로 나아가기'와 '멈추고 과감히 물러서기'의 때를 잘 파악해야 한다.

:: 돈의 힘에 눌리지 말고 돈을 지배하라

기업의 목표는 간단하다. 여러 거창한 목표보다는 우선 돈을 벌어야 한다. 기업이 돈을 벌지 못한다면 기업으로서 존재가치가 없는 것이다. 더 큰 목표도 결국에는 돈을 번 뒤에야 가능한 것들이다.

여기서 한 가지 명심해야 할 것이 있다. 돈을 추구하되, 돈을 쫓지는 않아야 한다. 돈밖에 보이지 않게 되면 부도덕한 유혹에 빠지게 된다. '돈만 벌면 된다'는 얄팍한 생각에 회사의 미래를 닫아버리는 어리석은 선택을 하는 셈이다.

나는 부모님을 잘 만나서 경제적으로 어렵게 커 온 기억이 없다. 돈 욕심보다 내 자신의 가치를 올리는 것에 욕심이 많았다. 그런 생각으로 생활하다 보니, 직장을 다닐 때도 '회사가 돈을 벌면 그 돈은 사장님 것이지만 그 돈 말고 나머지는 내 것'이라고 생각했다. 일을 통해 얻은 정신의 가치를 중요시했다.

그러다 보니 결과도 좋았다. 원래 받는 월급의 5배가 되는 보너스를 매월 받았다. 또한 직장생활 5년 후 사업도 하게 되고 돈도 벌었다.

모든 것이 자연스러웠는데, 이는 돈을 벌어야 하지만, 실제로 돈에서 거리를 두었기 때문에 가능한 일이었다. 남들은 이를 거짓말이라 한다. 내가 말만 그렇게 했지, 실제로는 돈 벌려고 열심히 하는 것이라고 말한다. 하기야 일한 결과 돈도 벌었으니 그 얘기를 부정하기는 어렵다. 그러나 이 질문을 하는 대부분의 사람들은 돈을 못 벌어본 사람이었다.

단언하건대, 돈을 번다고 쫓아다니면 돈은 도망가게 되어 있다. 돈이 나를 쫓아오게 만들어야 한다. 사회생활을 지배하는 게임메이커가 된다면 자연스럽게 돈이 따라붙는다.

다만 이러한 세세한 이야기를 매순간 독자들에게 해줄 순 없다. 그래서 결국에는 명확한 매출액을 목표로 잡는 것이 좋다. 그들의 임무를 명쾌하게 보여주는 차선의 선택인 셈인데, 이 모든 밑바탕에 숨어 있는 규칙만 잊지 않으면 된다. '돈을 추구하되 돈을 쫓지는 말자.'

그래야 회사가 뚝심 있는 기업 철학 위에 바로 설 수 있다. 정당한 게임에서 견뎌낸 뒤 벌어들인 돈은 땀의 다른 이름이다. 가장 속되지만 가장 아름다운 단어이기도 하다.

:: 선금을 받은 뒤 일하자

이때 돈의 숫자가 허수가 되지 않으려면 돈을 '정직하게, 되도록 현금으로' 벌어야 한다. 그래야 재무 구조가 건전해진다. 돈을 벌고도 망하는 흑자부도의 경우, 돈을 벌었지만 실제로 돈을 받아야 할 곳에서 제대로 못 받았다든지 회사의 자산을 탄력적으로 현금화하지 못하는 경우에 발생한다. 현금유동성을 확보하지 못한 것이 원인이다.

많은 기업이 흑자 수치만큼이나 현금유동성을 확인하곤 한다. 어음만 잔뜩 도는 구조에서는 항상 흑자도산의 위험이 도사린다. 그러니 현금을 확보하기 위해 최선의 노력을 기울여야 한다. 보유현금이 너무 많아도 적대적 인수합병의 타깃이 된다고 하지만, 작은 기업이라면 우선 생존의 위협에서 벗어나 안정 국면을 상시적으로 유지하는 능력이 중요하다. 그러려면 돈의 숫자를 허수로 만들지 않기 위해 노력해야 한다.

회사의 제1덕목이 신용이라고 하지만 결국 눈에 보이는 대차대조표에서 최고의 항목은 현금의 숫자다. 어음과 달리 현금을 손에 쥐고 있으면 진짜로 자기 자산이다. 주식마저도 현실화하기 전에는 그저 평가액에 불과하므로 결국 주식을 팔고 나서 손에 쥔 현금이 진짜 재산이 되는 셈이다. 그러므로 내일을 예측하기 어려운 기업 환경에서는 현금에 집착해야 한다. 현금을 충분히 확보한다는 것은 목숨 줄을 스스로 챙긴다는 뜻이다.

다행히 내 경우엔 기술 우위를 지향하는 작은 기업을 하다 보니 흔히 기술자들이 지닌 자부심이 있었다. 그래서 지금까지 지킬 수 있던 원칙이 있는데, 바로 선금 입금 확인 뒤 작업을 시작한다는 것이다. 그 덕분에 회사의 자금 사정이 나쁜 경우가 없었다.

하지만 경쟁이 심하고 특별히 기술적 우위가 없는 작은 회사라면 선금을 받아내기가 쉽진 않다. 거대 유통기업에서 어음을 무차별적으로 발행하면 울며 겨자 먹기로 끌어안는 경우가 많다. 그렇게 되면 매출은 나오지만, 정작 사장은 매달 직원들 월급 주기 위해 현금을 확보하러 금융기관을 찾아다니곤 한다.

나는 사장이 되기 전에 이런 점도 고려하고 선택할 종목을 택했다. 애초에 그런 문제가 생기지 않게끔 고민했던 셈이다. 또한 기술에 대한 자부심 덕분에 갑의 위치에 있는 업체에게 분명히 선금을 요구할 수 있었다.

　여기서 두 가지를 말해줄 수 있다. 우선, 각 시장마다 환경이 다르기에 되도록 분야별로 개성적인 리스크를 파악해둘 필요가 있다. 특히 갑의 횡포가 심한 분야는 웬만큼 자신할 만한 무기가 없다면 함부로 뛰어들지 않는 것이 좋다. 되도록 틈새를 찾아야 할 것이다. 그것이야말로 작은 기업의 숙명적 과제다.

　둘째, 자체적인 경쟁력을 갖추어 갑에게 요구할 것은 분명하게 요구할 수 있어야 한다. '일단 일을 따내고 보자'는 적극적 자세도 좋지만 자칫하면 남 좋은 일만 시킬 수 있다. 심한 경우 별 수익도 없이 갑에게 끌려 다녀야 할 수도 있다. 그런 관계는 서로에게 득이 될 것이 없다. 일단 일을 따내기 위해 가격을 무리하게 낮추었다면 결국 질 낮은 재료로 만든 제품을 공급하게 될 것이다. 그 결과 갑 역시 함께 피해를 보기 마련이다.

　그러므로 진정으로 상생하는 균형을 맞추려면 서로에게 합리적인 접점을 찾아가야 한다. 이때 객관적으로 자부심을 가질 만한 경쟁력을 확보하고 있다면 당당하게 원하는 것을 요구할 수 있을 것이다.

:: 어려운 때일수록 기본에 충실하라

무엇을 어떻게 해야 할지 난감하다면 세 가지 기본을 떠올려야 한다. 어렵게 생각할 필요 없다. 작은 기업은 공략 지점을 선명하게 단순화하고 기동력을 강화해야 한다. 그러기 위해

> • 첫째, 여러 사업 아이템에 투자금을 분산하지 말고 오로지 잘하는 것 하나를 선택하고 집중해야 한다.

잘하는 것에서도 경쟁력을 확보하지 못해 시장에서 밀린다면 다른 일을 한다고 승산이 있는 것이 아니다. 더구나 자금도 부족할 경우엔 그걸 나누느니 하나로 몰아서 승부를 걸 수밖에 없다.

즉, 하나에서 최고가 되어야 한다. 그것만이 살길이다. 그게 되면 전체적으로 유연해질 수 있다. 갑의 관계에 있는 상대에게 선금을 당당히 요구할 수도 있다. 대체 불가한 실력을 증명했다면 협상에서 밀릴 이유가 없다. 그런 수준에 이르면 그 회사 하면 하나의 이미지가 떠오르게 될 것이다.

작은 기업이 발전하는 방향에는 두 가지가 있는데, 흔히 한국에서는 안정적으로 자금을 회수할 수 있는 분야마다 투자해서 산업 전체에 영향력을 끼치는 대기업 방식이 있다. 다른 하나는 강소기업으로서 오로지 선택과 집중으로 세계적인 경쟁

력을 자랑하면서 철저하게 전문화된 방식으로 우뚝 선 기업이 있다. 두 방향에는 여러 특징이 있겠지만, 대한민국의 건강한 경제 체질을 위해서는 강소기업 문화가 확산되는 것이 좋다.

• 둘째, 거품에 현혹되지 마라.

기업이 성장하여 여러 곳에 투자할 여력이 생기면 과거에는 대개 부동산 투기를 했다고 한다. 안정적으로 자금을 보존하고 차익을 노리는 것인데 건설적인 경제 활동이라고 보기는 어렵다. 또 인기 있는 분야에 무차별적으로 발을 들여놓아 단물만 빨아먹고 빠지는 경우도 비판을 받는다.

이처럼 안정적으로 돈을 벌 수 있다고 하면 대기업뿐 아니라 여러 중소 투자자들도 솔깃하기 마련이다. 그것이 자본의 법칙이다. 돈을 넣어서 그보다 많은 돈을 빼낼 수 있다면 그걸 굳이 안할 이유가 없어 보인다. 이때 잘 생각해야 한다. 과연 어떤 것이 장기적으로 회사에 도움이 되는지 냉철하게 분석해야 한다. '부화뇌동'이라는 말을 조심해야 한다. 남들이 한다고 갑자기 내 계획이 흐트러져서는 안 된다.

보통 작은 기업이라면 평소 계획에 맞춰 승부를 걸 분야를 선택했을 것이다. 안정적인 입지를 얻기 위해 그 분야에 자금을 다 쏟아 부어도 만만치 않을 상황일 수도 있다. 이럴 때 유행에 흔들리면 안 된다. 괜히 그 특수를 놓치면 안 될 것 같은 느낌이 든다고 계획을 급하게 변경하여 기업의 방향이 흔들린다면 위기를 맞을 수도 있다. 여유 자금이 있다면 모르겠지만 그렇지 않다면 선택과 집중에 최선을 다해야 한다. 그러니 초심을 잃지 말고 한길로 우직하게 가는 것이 장기적으로 회사를 안정적으로 만들어 갈 확률이 더 많게 될 것이다. 거품으로 잠시 끌어 오르는 유행은 순식간에 사라지기도 한다. 그것에 힘을 분산했다가는 정작 진짜 해야 할 자기 전문 직무를 소홀히 하게 될 것이다. 그러는 사이 회사는 정체성이 모호해지고 그만큼 경쟁력은 약화된다.

• 셋째, 자신감에 도취하지 말아야 한다.

대개 '뜨는 사장'으로 주목받으면 우쭐해질 수 있다. 다른 사장들과는 달리 자기라면 건드리는 것마다 성공가도를 달릴 것 같다. 하지만 그렇지 않은 경우가 훨씬 많다. 자기운이 정해져 있는 것인지 몰라도 여러 분야에 분산하여 자회사를 세우고 대기업 흉내를 냈다가는 오히려 그동안 쌓아온 브랜드 이미지가 불명확해진다. 자금과 능력이 분산되는 만큼 선택과 집중으로 확고하게 얻었던 경쟁력의 기반이 흔들리고 만다.

그러니 단순하게 생각하자. 하나만 잘해도 뜬다. 하나만 제대로 하면 모두에게 이익이 된다고 생각하자. 여러 일에 기웃거리면서 효율적으로 투자차익을 노리고, 자신이 모든 일을 다 잘할 수 있을 것이라 착각하기도 하지만, 인력과 자금에는 한계가 있다. 특히 작은 기업은 대기업과 달라서 실패를 아껴야 한다. 실패다운 실패만 해도 작은 기업으로서는 위태로울 수 있는데 자꾸 다른 잡념이 끼어들면 불필요한 실패를 맞게 될 것이기 때문이다.

요즘 같은 불황의 시대에는 위기 요인이 첩첩산중으로 쌓여 있다. 파도타기라고 생각해야 할 것이다. 하나를 넘으면 더 큰 파도가 다가올 수도 있다. 자신감을 갖고 그동안 했던 대로 침착하게 대처하면 될 일이지만, 방심한다면 작은 기업은 순식간에 심대한 타격을 입을 수 있다.

이처럼 작고 강한 기업이 되기 위해서는 언제나 명심해야 할 기본이 있다. 그 기본만 흔들리지 않는다면, 회사의 건설적인 미래를 기대해도 좋을 것이다. 무수한 과제는 그 기본을 토대에 두고 해결해 나가면 된다.

결국 품질이 본질이다

사장을 하다 보면 어느 것 하나 소홀히 할 것이 없다. 그러다 보니 쉬고 싶어도 쉴 시간이 도무지 나지 않는다. 만일 일이 없다고 느껴진다면 지금 다시 한 번 자신의 주변을 신중하게 점검해보아야 한다.

십중팔구 자신의 일을 제대로 하고 있지 않은 상태일 것이다. 그것도 모른 채 한가하다고 느꼈다면 회사에 문제가 생기기 일보직전일 수도 있다. 그래서 사장은 항상 '경영'에 관해 공부해야 한다는 조언도 있다. 전적으로 공감한다.

우리 회사의 경우라면 사장으로서 내가 기술과 경영 모두에 관해서 깊이 관여해야 하는데, 둘 중 어느 것이 더 중요하다고 말하기 어려울 만큼 모두 중요하다. 사실 많은 부분에서 그 회사의 핵심 경쟁력을 이루는 지점에 대한 기술적인 지식과 회사를 이끄는 경영 지식 모두를 익히고 조율해야 하기에 사장이라는 자리는 만만치 않다.

그만큼 모두 중요해서 하나를 고를 수 없지만, 굳이 하나를 골라야 할 상황이라면, 개인적으로 작은 기업이 생존하기 위해서는 기술이 조금 더 중요하다고 생각한다.

그 위에 아이디어를 덧입혀서 최고의 이슈를 만들어내고 회사를 크게 일으키는 것도 결국 기술적 경쟁력을 확보한 그다음 단계다.

여기서 기술이란 구체적으로 공산품을 만들어내는 능력일 수도 있고, 자신들이 지닌 서비스 상품이나 금융상품을 구성하는 능력이 될 수도 있다. 이를 소비자에게 전달하는 과정에서 경쟁력을 확보하기 위해 제품의 차별화 단계를 거치지만, 가장 기본이 되는 물건 자체에 하자가 있으면 안 된다.

:: 장인정신! 또 장인정신! : 국내 최초 6리터 초절수형 양변기 개발

작은 기업에서는 대기업보다 더 프로다운 치열한 장인 정신으로 무장해야 한다. 장인 정신이 중요하다는 것은 누구나 다 알고 있다. 다만 그것을 온전히 실천하는 경우는 의외로 드물다. 또 때로는 큰 자본을 들여 대량으로 체인점을 열어서 양으로 우수한 질을 밀어낼 수도 있고, 때로는 그것이 잘 먹히기도 한다. 반대로 선대의 장인 정신을 버리고 효율을 강조하는 바람에 예전 같은 명성을 되찾지 못하는 '맛집'도 있다.

작은 기업이라면 기본기를 중시하며 철저하게 장인 정신을 유지해야 한다. 어차피 돈을 왕창 풀어서 동네마다 자사 제품을 진열한다든지, 유명 연예인을 줄기차게 섭외해 일 년 내내 유력 일간지나 방송국에 광고를 한다든지, 사시사철 할인하면서 제품을 팔기는 어렵다. 경쟁사와 가격 경쟁이 심하게 붙을 수도 있다. 만일 이런 식의 과열된 가격 경쟁이나 프로모션 전략을 수행하려면 막대한 비용을 감수해야 할 것이고, 결국 경쟁 과열로 공멸할 것이다.

작은 기업은 대기업이 아니다. 다른 분야에서 자금을 끌어와 막을 만큼 형편이 좋은 작은 기업은 드물다. 작은 기업으로서는 계속 손실을 감당하면서 오랜 시간 버티기는 어렵다. 또한 향후 5년 뒤에 폭발적으로 시장이 팽창할 것으로 예상해서는 미리 시장을 선점한다는 식의 투자도 거의 불가능하다. 바로 앞만 보고 생존한 뒤 한발 한발 나아갈 것만 생각해도 만만치 않기 때문이다.

결국 물건의 품질을 최상급으로 만들어 소비자에게 정당한 가격을 받아서 팔 생각을 해야 한다. 이를 위해서는 기술이 뒷받침되어야 한다. 기술을 더욱 돋보이게 해줄 아이디어가 뒷받침될 때라야만 더욱 빛이 난다. 이때 비로소 높은 경쟁력을 확보할 수 있다. 작은 기업이라면 반드시 추구해야 할 지점이고 사실 모든 기업이 최고의 기술적 아이디어를 확보하고 보호하려 한다.

21세기는 지식 자본주의 시대다. 독창적인 지식 하나로 회사 하나 먹여 살리는 것은 일도 아니다.

요즘 시대에는 마케팅도 중요하고, 다른 이색적인 이벤트를 통한 고객과의 교감도 중요하다고 하지만, 여전히 제품의 질이야말로 기본 중의 기본이다. 소비자 역시 싸거나 고객친화적인 정책에 혹하지만 진짜로 좋은 제품을 알아보고 그 제품을 대우해준다. 그래서 국내 유명 백화점에서도 이탈리아나 프랑스의 명품 업체를 유치하기 위해 최선의 노력을 기울인다. 그것이 곧 백화점의 격을 말해주기 때문이다.

우리 회사의 경우를 보면 일단 제품에서 장인 정신을 발휘할 분야는 두 가지였다. 하나는 물 절약 제품 개발과 물 소음을 줄이는 방법 등의 기능개선이었다. 또 다른 하나는 디자인을 아름답게 구성해서 단순한 양변기와 세면기가 아니라 문화적 예술품을 만들어내는 것이었다.

1980년대에 국내 양변기 제조업체는 절수형 양변기를 제조하지 못했다. 거의 20년 동안 한 번에 13리터의 물을 쓰는 변기를 생산해 왔다.

우리나라 인구 4천4백만 명이 13리터 변기를 사용한다고 생각해보자. 사람이 하루 평균 4차례 정도 화장실을 이용한다.

그렇다면 우리나라에서는 하루에 22억 8천800만 리터의 물이 소비되는 셈이다.

나는 그러한 틈새를 간파하고 곧장 6리터 초절수형 양변기 개발에 착수했다. 직접 양변기 개발을 지휘했다. 당시 그린라운드 여파로 환경, 에너지 등의 주제가 세계인의 주목을 받았다. 국내에서도 절전과 절수 운동이 일어났다. 미국이나 일본 등지에서도 이런 추세에 따라 절수형 제품이 큰 인기를 끌었다. 시대의 유행이었을 뿐 아니라, 국가적으로 볼 때 개발했어야만 했던 제품이었다.

그런데 여전히 절수형 제품을 개발하지 못한 상태어서 내게 주어진 임무라고 생각했다. 당시에는 13리터가 우리나라 표준이었다. 그러니 '6리터의 물로 어떻게 13리터의 물을 사용했을 때와 같은 강한 세척력을 갖게 할 것인가' 하는 점이 기술 개발의 핵심이었다. 물의 양이 적어도 탱크 안 물의 중력을 크게 받을 수 있도록 변기 하부 트랩모양을 바꾸어야 했다.

이를 위해 직원들은 연구를 거듭했다. 처음엔 쉽지 않았지만 방향과 목표가 분명했고 선진국의 제품 중에서도 좋은 사례가 있었다. 마침내 앞 가장자리 4개의 분출구가 유압식 물살로 물을 빠르게 이동시키는 '사이폰 방식'에서 단서를 얻었다. 결국 1994년, 뛰어난 수세 능력을 갖춘 절수형 양변기를 개발해낸다. 절수 기능뿐 아니었다. 제품 사용 시 소음까지도 최소화했다. 공동주택이 많은 우리나라 실정에 적합한 제품이었다.

특수한 제조 설비투자가 필요 없었을 뿐만 아니라, 기존의 부품을 그대로 사용할 수 있어 대체에도 쉬웠다. 가격도 외국 제품에 비해 개당 5천 원 정도 비쌌다. 이런 점을 종합 고려하면 제품 경쟁력은 충분했다.

그 결과 환경마크협회로부터 국내업체 최초로 그린마크를 받을 수 있었다. 연이어 초절수형 양변기로 KS 인증을 획득했고, 환경부 장관 표창장도 받았다. 또한 2000년도에는 절수 운동에 도움을 주었다는 이유로 대통령 표창도 받았다.

원래 13리터 양변기가 표준이나 다름없었지만 가만 보니 6리터로만 해도 충분했기에 이에 맞는 양변기를 개발한 것이다.

쓸데없는 수자원 낭비를 하지 않으면서 똑같은 효과를 내는 제품을 만들려고 노력한 것인데, 소비자나 국가의 입장에서는 물 절약을 할 수 있어 반응이 무척 좋았다. 절수형 양변기의 성공 덕분에 회사는 단 한 해도 적자를 본 적이 없었다. 명예와 함께 돈도 주어진 것이다.

6리터 절수형 양변기뿐 아니라 항균 제품 등 우리나라 양변기 역사에 의미 있는 제품을 만들어 여러 권위 있는 표창과 인증을 받았다. 또한 우리 제품들은 ISO9001 인증도 획득했으며, 'AVING VIP ASIA 2010'의 100대 제품에 선정되었다. 중국에서도 우리 인터바스의 우수성을 인정받고 있는데 2010년 중국주택산업협회, 중국인테리어협회 등이 공동 주관하는 '중국 주거문화 발전에 기여한 100대 기업상'을 받았고 중국 유명 브랜드상과 중국녹색친환경제품상도 받은 것이 대표적이다.

이처럼 무엇을 팔 것인가를 고민하고 그 상품의 품질에 집중한다면 일단 낙제는 하지 않는다. 품질이 나쁜 제품을 대충 만들어놓는다면 아무리 영업력이 좋다 해도 한계가 있게 마련이다. (그 뒤로도 기술 개발을 꾸준히 하여 2014년엔 3.5리터 양변기 개발에 성공하였다. 적은 물로 청결을 유지하게 해주는 Two Tank System으로 발명 특허를 획득하였다.)

결국 싸게 파는 수밖에 없는데 질 나쁜 제품을 소비자에게 주는 것도 예의가 아니다. 가격에 비해 좋은 제품을 팔지 않으면 소비자의 신뢰를 잃어 시장에서 오래 버티지 못할 것이다.

예전이라면 영업이 중요하다는 의견에 공감할 수 있다. 영업맨 한 사람의 개인기로 판매량이 달라질 수 있었기 때문이다. 그래서 영업 실력을 점검하고 그런 사람을 찾아내는 게 중요했다.

하지만 지금은 다른 듯하다. 이제는 영업보다는 그냥 제품 자체로 팔 수 있는 강점이 많아야 하고, 회사에서 고객 친화적인 제품 개발에 초점을 더욱 맞추어나가야 한다. 그것이 품질이든 가격이든 각자가 판단할 일이지만, 예전처럼 영업의 기교가 중요한 시대는 지난 듯하다.

그러다 보니 영업맨의 비중이 조금 줄어들 수밖에 없다. 요즘에는 영업맨이 아무리 말을 잘해도 소비자는 일단 참고만 할 뿐이다. 알뜰한 소비자의 경우, 매장에서 직접 제품을 확인한 뒤 그 제품명을 인터넷으로 검색한다. 그러면 제품 평판도 알 수 있고 가격도 바로 비교할 수 있다. 그중 가장 싼 데서 제품을 주문하면 되는 것이다. 상황이 이러니 제품의 품질과 그에 합당한 가격, 회사의 이미지 등을 잘 구축하고 있는 편이 영업의 개인기에 치중하는 것보다 낫다. 결국 모든 것의 기본인 장인 정신이 다시 강조될 수밖에 없다.

:: 불황도 이기는 명품을 만들어라

명품을 만들기 위해서는 우수한 기술자를 확보해야 하고, 자금을 쏟아 붓고 시간을 견뎌야 한다. 무엇보다도 뚝심이 있어야 한다. 명품을 만든다는 자부심을 지니고 단순히 합리적인 가격의 그럭저럭 좋은 품질로 승부를 보겠다는 생각은 접어야 한다.

이는 쉬운 일이 아니다. 또 분야에 따라서는 그런 제품을 만드는 것보다는 가격 대비로 품질이 좋거나 무조건 싸고 빨리 공급할 수 있는 상품이 적격일 때도 있다.

그럼에도 시장에 여러 방식으로 진입할 수 있기에 최상의 품질을 얻기 위한 기술 연마는 중요하다. 가격 대비로 괜찮은 품질로 중산층을 공략할 수도 있고 아예 싼 제품도 만들 수 있다. 또한 상류층을 타깃으로 한 우수한 품질의 제품도 만들 수 있다. 결국 하나로 집중해 들어가야 하는 것이 옳지만, 여러 가능성을 두고 집중할 지점을 선택할 수 있다는 것은 의미 있다. 기술력이 떨어져서 어쩔 수 없이 인건비를 싸게 하고 무조건 저가 공세를 펼칠 수밖에 없는 상황과는 처지가 다르다. 이럴 때 변화에 능동적으로 대처할 여유도 생긴다.

특히 명품 이미지를 구축한 브랜드의 개발은 어떤 분야인가에 따라서 매우 중요한 과제가 된다. 우리 회사의 경우에는 일반 제품은 '동원'이라는 브랜드로 출시되고, 고급스러운 제품은 '인터바스'라는 브랜드로 생산되어 국내의 상류층이나 미국 유럽 중국과 일본, 동남아 등지에도 공급한다. 처음에는 그 시장이 뚜렷하지 않았지만 결과적으로 화장실 틈새시장은 있었다. 우리 회사는 그 시장에서 1인자가 될 수 있었다.

그 덕분에 IMF 때조차 주문이 밀려들어 매출을 상향 조정해야 했다. 즐거운 비명을 질러야 할 판이었다. 오히려 인력이 모자라 충원해야 하는 상황이었다. 남들에게는 위기의 시기였지만 오히려 우리에게는 기회가 되었다. 서민을 주 타깃으로 하는 시장에서는 불경기에 민감하게 영향 받지만 돈이 많은 상류층에게 기본적인 소비재는 항상 수요가 있다. 더 큰 돈이 왔다 갔다 하는 분야라면 모르겠지만 생활필수품을 쓸 때 지갑이 열리지 않을 만큼 어려운 경우는 거의 없다.

그러므로 작은 기업의 사장이라면 자기 분야의 소비자가 어떤 성향을 지녔는지도 파악하여, 그에 맞춰 명품을 개발해야 할지 결정하면 된다.

개인적으로 권유하자면 되도록 누구도 쉽게 흉내낼 수 없는 차별화된 제품, 혹은 품질이 아주 우수한 명품을 만드는 편이 좋다. 사실 최근 삶의 질이 점점 높아지고 있다. 그렇기에 중소기업은 저가 제품보다는 주로 명품을 개발해야 변화하는 시장에서 적절하게 대응할 수 있다. 때로는 소비자를 설득하여 명품 시장을 창출하려는 노력도 필요하다. 그렇게 입지를 굳히는 데에 성공할 수 있다면 대기업 자본 폭격에도 쉽게 흔들리지 않을, 유리한 고지를 선점할 수 있다.

만일 누구나 흉내낼 수 있고 저가 공세가 가능해진다면, 대기업의 자본이 흘러 들어와서 시장을 장악할 때 속수무책으로 당할 확률이 높다. 우리 회사에서도 이러한 문제를 극복하기 위해 '인터바스'라는 고급 브랜드를 개발했다.

인터바스 브랜드의 핵심은 차별화된 디자인이었다. 이를 위해 디자인 개발에 힘을 쏟으면서, 중국과 한국으로 오가는 비행기나 자동차 안에서도 오로지 어떻게 하면 차별화된 디자인으로 고객의 마음을 사로잡을 수 있을지 고민하곤 한다. 어떻게 하면 보여주고 싶은 욕실, 머물고 싶은 욕실을 만들어 세계인들을 깜짝 놀라게 할 수 있을지 고민하고, 또 고민했다.

그리고 마침내, 중국 상하이에서 열린 욕실 주방 국제박람회에서 타일, 세면대, 양변기에 커피 잔처럼 예쁜 무늬를 디자인한 제품을 내놓았다. 사람들은 신선해했다. 예전에는 화장실 하면 흰 색만을 떠올렸는데, 전혀 다른 색깔로 아름다운 화장실의 개념을 제시하니 호평이 쏟아졌다. 방문객들로부터는 수많은 카메라 세례를 받았다. 순식간에 대리점 요청계약도 이어졌다. 그 후 인터바스는 내가 그토록 추구했던 '보여주고 싶은 욕실'을 위한 제품 브랜드로 고객에게 알려졌다. 또한 인터바스는 한국과 중국뿐만 아니라 두바이, 대만, 중동, 이태리, 미국, 일본 등 여러 나라에 수출을 하고 있다. 특히 중국 내에서는 고급브랜드로 인식이 되어 상류층들의 사랑을 받고 있다.

:: 트렌드를 주도하라

작은 기업은 변화를 두려워하지 말고 변화를 주도해야 한다. 그래야 격변하는 시장에서 잘 적응하여 튼실하게 성장할 수 있다. 다행히 작은 기업은 규모가 작은 덕분에, 빠르게 변화에 대처하고 빠르게 변화를 주도할 수 있다. 물론 변화를 할 때 큰돈을 투자해야 할 일이라면 온전히 수용할 수 없는 상황에도 처하지만, 잘 살펴보면 대개 작은 기업이 비집고 들어갈 틈새가 있기 마련이다.

그러므로 불리한 변화가 생기더라도 절망할 필요는 없다. 경쟁력 있는 제품이 있다면 얼마든지 상황이 불리하더라도 오히려 기회가 될 수 있다. '고객제일주의'가 대세라도 고객은 결국 좋은 제품을 사려고 하니 그것에 맞추어 고객과 보폭을 맞추면 된다. 또한 고객을 선도하여 그들이 미처 깨닫지 못한 취향을 알려주고 좋은 제품을 바탕에 둔 새로운 유행을 만들어낼 수도 있다.

예를 들어 우리 회사에서는 큰 차원에서 '보여주고 싶은 욕실'이라는 구호 아래 화장실과 욕실의 패러다임을 새롭게 제시하려고 했다. 한국에서는 화장실이라고 하면 여전히 변을 보는 공간쯤으로 여기지만 오래 전부터 유럽에서 화장실은 쉬어갈 수 있는 공간, 문화의 공간을 의미했다. 유럽인들은 그곳에서 잠깐이나마 홀로 있으면서 이런저런 생각도 정리하고 명상에도 잠기곤 했다.

그런 곳이다 보니 화장실은 깨끗하면서도 아름다운 공간이어야 했다. 그냥 실용적인 공간을 넘어서는 것이다. 그래서 우리 역시 화장실과 욕실을 위생적이면서 미적인 공간으로 규정하고, 단순히 용변 보는 제품이 아니라 예술 작품 같은 화장실 욕실 제품을 만들어가기 시작했다. 그러면서 여러 컬러 색깔을 변기 제품이 입히는 파격적인 시도를 해서 선풍적인 인기를 누렸다. 중국에서 2000년대에 인기리에 팔렸던 '데코레이션 스위트'라는 제품은 아예 커피잔을 연상시키도록 무늬를 입히기도 해서 큰 호응을 얻어냈다.

또한 '차별화, 고급화, 세트화'라는 제품 개발의 대전제를 세우고 다른 회사에서는 찾아보기 어렵고, 품질이 좋으면서, 화장실 전체 혹은 욕실 전체를 하나의 공간으로 콘셉트를 맞추어 디자인해버리는 방식을 써서 제품을 통째로 판매하는 전략을 취했다. 하나의 인테리어이자 예술품을 판다는 기분으로 제품을 다루었다.

트렌드를 주도하기 위해서는 많은 것을 고민해야 한다. 지속적으로 새로운 트렌드를 배워야 하고 거기서 다시 새로운 어떤 것을 찾아내어 고객을 선도해야 한다. 그들에게 우리를 믿는 것이 올바른 선택이라는 믿음을 주기 위해서라도 꾸준히 변화하며 우리를 새롭게 해야 했다.

그래서 사업 초기부터 비행기 표 살 돈이 생기고 시간이 나면 그 즉시 유럽으로 날아갔다. 되도록 한 달에 한번은 관련 직원을 데리고 해외 출장을 다녔다. 호텔에서 숙박할 돈 아끼고 기차에서 잠을 자면서 꼭 들러야 할 곳들을 방문하곤 했다. 감각적인 트렌드를 만들어내기 위해 선진 트렌드를 습득해나갔다. 주로 이탈리아, 독일, 스페인, 프랑스 등을 행선지로 삼았는데 그곳의 아름다운 화장실에서 배울 것이 있었다.

유럽을 돌아다니며 다양한 전시회를 보았고 선진 디자인을 경험했다. 그러면서 유럽에서는 화장실을 문화 공간으로 여긴다는 것을 깨닫게 된다. 이를 몸소 터득하기 위해 열심히 뛰어

다녔는데 당시로써는 이만저만 고생한 것이 아니었다. 하지만 사장이 폼만 잡고 자리에 꾹 앉아있으면 담당자를 선도하기 어렵다. 그래서 나 스스로 경영자라기보다는 진정한 감각을 터득한 디자이너가 되기 위해 꾸준히 단련했다.

지금도 디자인 면에서 유럽은 우리의 훌륭한 교과서다. 당시엔 더더욱 그랬다. 디자인은 아무것도 없는 황무지에서 나오는 것이 아니므로, 청출어람(靑出於藍) 하듯 그들을 이기기 위해서라도 꾸준히 그들의 디자인을 공부해야 했다.

지금도 초심을 잃지 않고, 항상 '우리 회사는 새로운 패러다임이나 트렌드를 제시해야 한다'고 생각한다. 누군가의 유행에 휩쓸리거나 고객의 취향을 좇기만 해서는 주도적으로 이익을 창출하기 어렵다. 고객제일주의는 내게 고객선도주의기도 한 셈이다.

화장실 문화 트렌드를 주도한다고 당당하게 말하기 위해, 언제나 감각을 예리하게 하여 세계의 뛰어난 디자인에 주시하고 있다.

우리 업계에서 인터바스 제품은 트렌드를 선도하는 고급 브랜드로서 이미지가 좋은 편이다. 이 점에 대해 나 역시 자부심이 있다. 선금을 요구할 수 있는 뚝심 역시 '높은 수준의 화장실을 연출할 수 있다'는 근거 있는 자신감이 있기에 가능하다. 또한 특별한 제품은 가격도 특별할 수 있다.

회사의 내실을 다지고 거품에 쉽게 흔들리지 않으면서 30년 동안 외길을 걸어올 수 있었던 것은 결국 장인 정신 덕분이다.

나머지는 거들 뿐이다. 알맹이가 없으면 그 어떤 것도 무의미해지고 공허해진다. 어쩌다 운이 좋아 과분한 성적표를 받아들 수 있지만 소비자는 아주 민감하고 현명하다. 그들을 속이려다가 '되로 주고 말로 받는다'는 속담대로 혹독한 대가를 치른다.

머리는 써야 할 때 정직하게 써야 한다. 바로 우수한 제품을 개발할 때 쓰면 된다.

물론 비즈니스에서 "상품의 질만 좋으면 반드시 팔릴 것"이라는 믿음을 순진하다며 반박하는 사람도 있을 만하다. 상황에 따라서는 그 말도 일리가 있다. 상품의 질이 별 차이가 나지 않고 단시간에 유행처럼 휩쓰는 분야라면 당장 그때 그 제품이 있어야만 한다. 그런 경우라면 기본적인 수준의 질만 갖추고 대량으로 생산하여 공급하는 능력이 중요할 수 있다.

그런데 그렇지 않은 제품도 많다. 일본의 한 고양이 집 제작자는 제품을 완성하여 납품하는 데에 5년이 걸린다고 한다. 짚으로 한올 한올 정교하게 디자인하기 때문이다. 이 제품은 고가의 명품으로 팔리는데도 제품 주문량이 넘쳐서 감당하기 어렵다고 한다.

길은 여러 가지다. 그리고 작은 기업이 비약적인 성장을 위해 보통 두 가지 방법 중 하나를 택할 것이다.

우선 첫 번째 방법은 자신의 제품을 팔아 엄청난 이득을 남긴 뒤 지속적으로 몸집 키우기를 하는 방식이다. 두 번째 방법으로는, 작은 기업이 하나의 분야에서 입지를 얻었다면 그 분야에서 최고가 되어 단순히 자본의 대량 투하만으로는 쉽게 따라잡을 수 없는 수준에 이르러야 할 것이다. 그렇게 알짜로 성장하다 보면 세계의 트렌드를 주도하는 사례까지도 생길 것이다. 대기업만 하라는 법은 없다.

그러기 위해 그럭저럭 좋은 게 아니라 '정말, 정말' 제품이 좋아야 한다. 오직 한 제품만 생각하는 장인의 손끝에서 태어날 수밖에 없는 그런 제품을 만들어내야 한다. 그러면 길이 열린다. 단순히 일반적인 경영의 마인드나 법칙으로 적용되는 것과 다른, 명품의 법칙에 따라 마련된 성공 가능성이 열리는 것이다. 오로지 그 기술 하나를 얻기 위해 글로벌 기업에서 협력을 제안하며 거액을 투자할 수도 있다.

전 세계적으로 불경기 안 타고 지속적으로 매출을 올려 엄청난 수익을 올릴 가능성도 있다. 전체 인구에 비하면 마니아는 적지만 마니아는 이유 불문하고 그 제품이라면 믿고 사기 때문이다. 그러한 마니아가 될 수 있는 잠재고객이 수천만이나 되는 곳이 중국이다. 그러면 그 나라에서는 우리나라 인구만 한 잠재고객이 마니아적인 성향을 지니고 작은 기업의 성공한 명품을 진지하게 대하게 된다.

정말 제대로 된 명품을 만든다면 세상이 먼저 알아줄 것이다.

회사의 모든 것을 디자인하라

　사장이 되어서 회사를 망하지 않게 하려면 우선 제품의 품질에 온힘을 쏟아야 한다. 그런데 그것만 가지고는 회사가 운영되지 않는다. 품질이 가장 중요하지만, 품질만큼이나 경영도 중요하고 제품을 팔기 위한 여러 노력 역시 어느 것 하나 중요하지 않은 것이 없다.

특히 작은 기업 사장이라면 슈퍼맨이 되어야 한다. 24시간 풀가동하는 느낌으로 일에 미쳐야 한다고 했는데, 회사 살림과 직원들의 고민까지 속속들이 알 수 있다면 더없이 좋을 것이다.

중기업, 그리고 대기업으로 성장해버리면 직원들과 그들의 직무에 관해 알고 싶어도 속속들이 알기란 불가능하다. 하지만 작은 기업에서는 사장이 살림꾼의 몫까지 하는 경우도 감안해야 한다.

자기 사업체의 성격이 강하기도 하고, 직원들을 식구처럼 대하며 함께 해야만 끈끈한 유대 관계를 유지할 수 있기 때문이다. 대기업만큼 보수를 줄 수 없다면 그 이상의 다른 무언가를 공유해야 하는 셈이다.

사장 지망생일 때 했던 경험은 사장이 되어서 모든 업무 흐름을 파악할 때 도움이 된다. 직장 생활을 치열하게 했다면 피고용인의 고민까지도 공감하는 사장이 되어 있을 것이다.

:: 모든 업무 흐름을 생생하게 파악하라

사장은 직원들과 정서적 교감을 잘해야 하지만 동시에 전체의 업무 흐름을 장악하고 있어야 한다. 이를 위해 회사 구조상 어떤 부서와 어떤 업무 흐름이 적합할지 사장 스스로 설계도를 짜보아야 한다. 대개는 벤치마킹할 대상이 충분하니 기본적인 윤곽은 쉽게 짜일 것이다.

하지만 회사에 맞게끔 업무 흐름도를 그려보려 한다면, 직접 실전 경험을 하면서 자사 맞춤형 환경을 갖추어야 한다.

일단은 일의 우선순위를 정하자. 그런 뒤 큰 것부터 세부적인 것으로 좁혀나가야 한다. 단기적인 실천사항부터 중기적인 목표 그리고 장기적인 비전까지 체계적인 그림을 그려보는 것도 중요하다.

전체를 지속적으로 시뮬레이션 해야 할 것이다. 세세한 업무라면 어떤 식으로 돌아가는지 마치 영화로 보듯 상상해보자. 이때 예전에 했던 경험이 매우 중요해진다. 업무 매뉴얼을 정하고, 인수인계 등을 빠르고 체계적으로 하기 위해 방법을 수립해도 좋다.

직원 수를 고려하여 업무 매뉴얼을 짜야 할 것이다. 직원마다 얼마큼, 어떤 방식으로 업무를 주었을 때 최적의 성과를 내는지도 알면 좋다. 직원의 성향은 당연히 파악해야 한다.

그 회사의 업무에 맞는 인원과 외주의 가능성도 검토할 수 있다. 동시에 외주 업체나 프리랜서를 확보할 안정적인 방안도 마련해야 한다.

직원이 들락날락하는 유동성이 크다면 업무 대표 메일주소를 만들어 각자의 메일주소로 업무를 관리하지 않도록 하는 것이 좋다. 직원의 숫자가 적은 작은 기업에서는 이러한 대표 메일을 쓰면서 모두가 업무 흐름을 파악하는 것도 효율적이다.

개방적으로 업무 흐름을 파악하기 위해서는 회의가 중요한데, 이는 회사에 따라 조금 다르다. 주로 역동적이고 참신한 아이디어가 중요한 회사에서는 회의가 중요하다고 하고, 분명히 배정된 잔업무가 많은 회사에서는 회의만 많아서는 일이 잘 돌아가지 않는다고도 한다. 그러니 회사와 직무 상황에 맞게 회의의 빈도를 조절하면 되는데, 어떤 방식을 취하든 서로의 업무 공유가 활발해야 한다. 또한 마감일시를 정해주면서 중간중간 점검해주는 것이 중요하다. 마감일까지 해놓은 과제가 엉망이라면 그만큼 시간을 손해 보기 때문이다. 그러니 상사가 반드시 도와주고, 직원의 역량을 키울 수 있는 업무 관계의 정립도 필요하다.

작은 기업에서도 부서 간 혹은 동료 간에 파워 게임이 있을 수 있다. 적당한 파워게임이라면 건설적인 경쟁을 유도할 수 있겠지만 대개 비생산적인 알력이 있을 수 있으므로, 사장이라면 이런 관계를 유심히 살펴야 한다. 쓸데없는 견제로 상대와 업무 공유를 하지 않는다든가 직원을 일명 '뺑뺑이' 돌리는 좋지 않은 관습은 되도록 제거해나가야 할 것이다.

작은 기업의 사장이라면 직원들과 밥도 같이 먹으면서 그들의 고충과 사적인 고민을 알 수 있다면 더없이 좋다. 예를 들어 어떤 직원이 결혼해야 할 상황인데 부양해야 할 부모님의 문제로 경제적 압박을 받고 있다면 이에 관해 배려해줄 수 있을 것이다. 그런 사소한 배려가 직원들에게 큰 도움이 될 수도 있다. 직원과 공존하는 자세를 취하려면 그들의 고충을 먼저 알아야 한다.

이는 깊이 관심을 두지 않으면 놓치기 쉬운 부분인데, 대놓고 말하진 않더라도, 그것을 파악하고는 있어야 한다.

그러면서 모든 면에서 합리적인 체계를 다듬어가야 할 것이다. 물론 언제나 완벽한 체계란 불가능에 가깝다. 그럼에도 작은 기업이라면 탄력적으로 움직여 변화에 능동적으로 대처하기 위해 조직의 암이나 비계 같은 요소를 수시로 없애주면서, 근육질이 될 수 있도록 노력해야 한다.

작은 기업 사장은 직접 부서와 소통하면서 구체적인 지시를 내릴 수 있다. 때로는 독재자처럼 강력한 리더십을 발휘하고, 때로는 직원의 역량을 키워주기 위해 권한을 주고 지켜봐야 할 것이다. 그 적절한 시기를 알고 지시할 수 있는 것이 사장의 역량이다.

장악하되 무리하게 군림하지 않고, 이끌되 그들이 따라오도록 해야 한다.

:: 보이지 않는 것을 보려는 능동적 노력을 해라

회사의 단기·중기·장기 목표는 개괄적으로만 정해진 채 궁극의 지침이 되지만, 언제든 세부적으로 수정될 수 있다. '사장은 아침에 지시하는 내용을 저녁에 뒤바꿀 수 있어야 한다'는 말이 있을 만큼 변화하는 흐름에 잘 맞추어 적절한 방안을 역동적으로 제시해야 한다.

더 나아가 보이지 않는 흐름도 읽어내고 발굴하여 미래를 예측하고 이에 맞는 준비를 해두어야 한다. 다른 직원과 함께 머리를 맞대고 할 일이다. 동시에 여러 의견을 취합한 뒤 그동안의 경험에 바탕을 두고 실행에 옮기는 것은 사장의 몫이다. 그래서 사장은 직원들의 의견에 귀를 기울여야 할 뿐만 아니라 전문가들을 섭외해 그들의 조언을 자주 듣는 것이 좋다. 그도 아니면 책을 읽는 것도 하나의 방법이 될 수 있는데, 대개 책은 충분히 검증된 부분을 다루는 매체여서 책에 실릴 정도라면 이미 회사에서도 준비하고 있어야 할 아이템일 것이다.

가장 따끈따끈한 뉴스에 대해서 심도 깊게 파악하려면 그 바닥에서 최신의 지식을 흡수하고 있는 학자들의 말에 귀 기울 필요가 있다. 혹은 선후배 사장들과 모임을 가지며 서로간의 정보를 교류하다 보면 의외로 그들이 중요하게 여기지 않지만 의미 있는 옥석을 얻어낼 수도 있다.

그런가 하면 다른 사업 분야의 흐름을 살펴서 유추해보는 것도 하나의 좋은 방편이다. 사실 스마트폰이 나올 때만 해도 그것이 정확히 무엇인지 몰랐다. 그래서 스마트폰이 휴대폰과 다른 게 인터넷 잘 되는 것 외에 무엇이 다른지 잘 와닿지 않았다. 그리고 한참 뒤에야 휴대폰은 폰이 중심이지만 스마트폰은 '스마트'라는 새로운 개념을 폰 형식에 적용한 것이라고 이해했다. 그래서 스마트패드, 스마트폰, 스마트TV 등등 기존 제품에 스마트적인 요소를 대입할 수 있다는 사실을 깨달았다. 그전까지는 스마트폰과 자동차가 연결될 수 있다는 것을 상상조차 못 했으니, 스티브 잡스가 패러다임을 확실히 바꾸어놓은 것만은 맞는 듯하다.

스마트 개념은 우리 욕실 개념에도 적용할 수 있다고 생각했다. 일명 스마트 배스. 가족들 개개인이 자신이 선호하는 물 온도, 조명도, 환풍 여부 등등 다양한 조건을 미리 맞추어 놓고 지문을 찍고 들어가면 자연스럽게 맞춤형 욕실 분위기가 설정되는 것은 스마트 배스 개념의 시작일 뿐이다. 벽면 TV도 설치될 수 있고 각자가 선곡한 노래가 은은하게 흐르고, 스피커 모드로 마치 응접실에서 서로 독대하며 대화하듯 욕실 내 통화를 하게 될 수도 있다.

많은 해외 업체들이 앞으로 도래한 스마트 시장을 준비하고 있다. 우리 역시 마찬가지다. 카이스트와 손잡고 새로운 패러다임이 도래할 때 유럽의 선진 업체들을 이길 기회로 여기고 착실하게 준비하고 있다. 대개 격변기 때 순위도 바뀌고 견딘 기업과 몰락하는 기업이 생기기 마련이다.

솔직히 기대한다. 우리 회사가 한국의 화장실 욕실 패러다임을 선도하고 고급화 전략을 취해왔기에 이러한 흐름과 미래 스마트 배스 시장은 잘 맞닿는다. 또 한 번 업계가 큰 변혁으로 요동칠 때 이미 튼실하게 준비한 제품들로 우리의 명성을 꾸준하게 증명할 계획이다.

그런데 과연 이것뿐일까? 보이지 않는 것을 찾아내기란 매우 어렵지만 절실하게 감각하다 보면 의외로 누구나 보기 쉬운 것에 숨겨진 보석을 볼 수 있다. 사업가들은 한두 번쯤 그런 경험을 진하게 했을 것이다.

"동네를 돌아다녀 봐도 평생 먹고 살 게 보인다"는 말은 결코 허언이 아니다. 우리가 그것을 무심코 지나칠 뿐이다. 그걸 봤기에 사장이 된 것일 수도 있고 사장 자질이 있었기에 그걸 발견한 걸 수도 있다. 계속 사소한 것의 틈새를 생각하고, 사업의 관점에서 어떤 현상을 바라보는 습관이 되어 있어야 이런 귀중한 발견이 가능하다. 이때 이미 우리는 사소하더라도 희귀한 경험 하나쯤 진하게 한 것이다.

즉 항상 이론적으로 무장하거나 풍부하게 경험하는 것도 중요하지만, 단순한 과제를 집중력 있게 해나가는 것도 중요하다. 자기 업무를 하다가 사소한 불편함을 개선하고자 했던 노력이 지금의 카터칼을 만들었고 안전핀을 만들었다. 그들은 특별히 이론을 공부하지도 않았고 경험을 많이 하지도 않았다.

물론 여러 경험과 공부를 해두면 사소한 아이디어를 사업으로 연결 지을 해결책을 찾아낼 가능성이 높아진다. 그것이 발명가와 '발견하는 사장'과의 차이점이다. 그래서 발명가는 자신의 특허를 대개 사업가에게 팔아넘기는 실수를 저지르게 되고, 그 가치를 알아본 사장은 억만장자가 되는 일화가 많이 생긴다. 최근에는 주식 투자하는 것에 성공해서 월급쟁이가 100억 원대의 부자가 되어서 책을 쓰는 경우가 자주 있는데, 이때도 쪽박 차기 쉽다는 주식 투자, 적은 돈으로 돈을 벌 숨겨진 비법이 초미의 관심사가 된다. 그것은 19세기의 보물지도와도 같이 독자들에게 오랫동안 인기를 누리는 아이템이다.

보이지 않는 것을 볼 수 있게 되면 효과적인 위기관리를 위한 준비도 가능하다. 애초에 보이지 않는 것을 보기는 매우 어렵지만, 사장이든 직원이든 모두에게 이러한 열망은 있기 마련이다. 남보다 먼저 안다는 것은 이 시대에도 여전히 축복받은 능력인 셈이다.

:: 영업도 디자인하라

작은 기업은 시장 개발, 제품 개발, 위기관리 등을 잘해야 하지만 역시 영업을 소홀히 할 수 없다. 물론 요즘에는 예전보다 영업이 중요하지는 않다고 말했다. 미래가 밝은 회사는 영업을 하지 않는다. 또한 최근엔 영업 자체가 필요 없을 정도로 물건 자체를 고객 요구에 맞게 잘 연구해서 생산하는 추세다.

영업을 아예 하지 말아야 한다는 뜻은 아니다. 본질적으로 더 중시해야 하는 것이 있을 뿐, 영업 역시 사장으로서는 주의 깊게 관리해야 할 부분이다.

특히 일반 잡화류를 팔려고 한다면 제품에서 큰 차별성을 두기 어려운 경우가 많아서 영업의 노력이 더욱 요구된다.

팔리는 물건을 만든 덕분에 알아서 잘 팔린다면 좋지만, 그렇지 않을 경우 물건을 들고 나가서라도 팔아야 하는 것은 당연하다.

하지만 우리의 경우엔 직접 고객에게 팔기보다는 협력업체와 거래하는 경우가 많다. 그런데 최근엔 경쟁업체들의 수준이 급속히 올라와서 영업맨들로서는 가격 압박을 느낄 때가 있다. 비슷한데 경쟁업체보다 비싸다면 당연히 경쟁력이 떨어질 수밖에 없다. 그럼에도 나는 영업맨들에게 더 멀리 볼 것을 주문하고 다음과 같이 명심시킨다.

> • 첫째, 가격을 낮추는 것이 중요한 방법이 되어선 안 된다.
> • 둘째, 그들에게 가격을 깎는 것보다 더 가치 있는 비전을 제시해주어라.

가치는 가격으로 만들어지는 것이기도 하다. 고급화 전략을 쓸 때 일부러 가격을 올리는 방안은 그 개발 과정에 스몄던 노력에 대한 책정이기도 하지만, 동시에 제품에 대한 우리의 자부심을 반영한 것이다.

그런데 간단히 가격을 낮추는 방식으로 당장 팔고 보자는 생각을 해서는 안 된다. 자칫 제품 자체의 가치만 떨어지고 우리가 집요하게 고집했던 고급화 전략이라는 축이 흔들리게 된다. 그런 점에서 영업맨은 회사의 전략을 충분히 이해하고 마케팅 전략에 거스르지 않는 영업 전략을 수립해야 한다. 영업맨 한 명의 실수로 '땡처리'한 제품이 시장의 가격을 교란한다. 동시에 회사 이미지에 먹칠할 수도 있다. 영업맨은 회사의 얼굴로, 협력체 관계자들이 회사를 생각하는 중요한 근거가 되는 사람이다. 그들은 모두가 파견 사장인 셈이다.

그래서 전체의 주파수를 영업맨은 충실히 이해해야 한다. 이를 위해 사장 역시 영업맨들과 긴밀하게 협의해야 한다. 우리가 고객이 매우 중요하다고 강조해도 영업맨 하나가 인상 쓰고 회사로 돌아와버리면 입소문을 막을 재간도 없어진다. 한 번의 사과로 그것이 다 무마되면 좋겠지만 여러 번 반복되면 그런 기대조차 하기 어려워진다.

그들이 회사의 장기 전략까지 깊이 이해하는 또 한 명의 사장이 되지 않으면, 비전이라는 고차원적인 이야기를 협력체 관계자에게 생동감 있게 들려줄 수도 없다. 그러면 기계적인 설명만 하게 되고 상대는 아무 감흥도 느끼지 못한다. 결국 '싸게 줄 수 없다'는 말만 받아들이게 된다.

영업맨은 단순히 판매하는 사람이 아니라 항상 회사를 깊이 이해하고 비전을 상대에게 심어주는 사람이라는 점을 명심해야 한다. 원래 그들에게 없었던 비전을 심어주어, 우리 회사의 제품은 다른 가치에 기반을 두고 장기적으로 회사의 가치를 만들어간다는 것을 알릴 필요가 있다.

물론 학습지를 판매하거나 차를 팔 때는 조금 다른 전략을 취할 것이다. 모든 분야마다 맞춤형 노하우가 있을 것으로 안다. 하지만 한 가지 크게 달라지지 않는 것이 있다. 즉 무슨 물건을 팔든 단순히 물건을 보여주고 가격 흥정을 해서 팔면 그건 그냥 판매다. 시장에서 장사해서 물건을 파는 것과 크게 다르지 않다. 마트에서 프로모션하는 직원들이 물건을 판매하는 것과도 크게 다르지 않다.

내가 생각하는 회사의 영업맨은 회사의 가치를 팔 줄 알아야한다. 영업맨은 회사를 대표하는 작은 사장이다. 그렇기에 회사의 정책을 명확히 이해하고 거기에 윤활유를 뿌려줄 수 있어야 한다.

유통업체에서 물건을 팔아주거나 짧게 아르바이트 하는 사람들은 기계적으로 잘 파는 기술만 있으면 되지만, 영업맨은 그 이상의 것을 상대에게 주어야 한다. 단순히 진열대에 있는 물건이 아니라 그 물건 위에 매력적인 가치를 묶어서 팔아야 한다. 물건만 팔면 우리 회사의 역동적인 과거와 비전이 잘 묻어나질 않지만, 영업맨은 우리의 비전을 협력체 관계자에게 자연스럽게 알릴 수 있다.

그런 영업맨을 구하기 어렵기에 사장과 영업팀 간에 긴밀한 보조를 맞추어야 한다. 지금도 영업팀이 해야 할 일은 여전히 많다. 다만 영업팀에서 경쟁해야 할 것은 경쟁사 영업팀이 아니라 자사의 광고와 마케팅일 것이다. 사람의 입으로 회사의 비전을 파는 것이 여전히 강렬하다는 것을 영업팀은 항상 증명해내야 한다.

:: 만남의 기술도 디자인하라

결국 영업맨은 단순하게 영업맨이 아니다. 걸어 다니는 작은 회사요, 작은 사장이며, 그 회사의 광고판이면서 마케팅 전술 그 자체여야 한다. 심지어 광고판에는 쉽게 드러나지 않는 회사의 진정한 가치와 웅대한 비전을 상대에게 감동적으로 전달할 수 있어야 한다.

매우 추상적이고 어려운 일이다. 그렇다고 안 할 수도 없다. 영업팀의 존재 이유이기 때문이다. 한 번에 다 말할 수 없다면 자주 만나면서 천천히 자연스럽게 알려주면 된다. 당장 알려주려고 강박적인 마음을 지니기보다는 자주 만나고 친밀감을 높이기 위해 노력하는 것이 현실적이다.

사실 비전을 전달하는 것은 매우 까다롭다. 그렇지만 그냥 사석에서 자주 만나서 인간적으로 친해지려는 노력은 지금도 실천할 수 있는 부분이다. 그래서 협력업체 직원들과 지속적으로 만나야 할 경우 상대에게 호감을 주기 위한 현실적인 노력을 당부하게 된다.

• 첫째, 패션이다.

옷을 깔끔하게 입어야 상대에게 좋은 인상을 준다고 생각한다. 예전부터 늘 변함없이 생각하는 것으로 상대에게 호감을 주기 위해서 기본적으로 패션에 관심을 지녀야 한다. 마니아가 되라는 것이 아니라 기본 예의를 갖출 수준이면 될 것이요, 가능하다면 센스 있다는 소리를 듣는 편이 좋다.

• 둘째, 업체 사람들과 자주 식사하라.

자사 사람끼리 밥 먹지 말고 되도록 약속을 잡아서 협력업체 관계자들과 식사하는 것이 좋다. 평소에도 그냥 내용만 전달하듯이 말하고 어쩌다 커피 한 잔 정도 하면서 다니는 경우가 있는데, 그러지 말고 식사를 함께하라. 때로는 우리 쪽에서 내고 때로는 간단하게 점심을 얻어먹기도 하면서, 친분을 쌓아라. 사소해 보이지만 식사하는 정이 만만치 않다. 처음에는 어색하더라도 지속하다 보면 더 많은 인맥을 쌓을 수 있을 것이다.

> **• 셋째, 그들에게 단순한 전달자가 아닌 주도적인 직원이라는 인상을 주어라.**

실제로 모든 부분에서 어떤 사안을 결정할 수는 없겠지만 영업맨은 뻐꾸기나 결정권 없는 전달자 역할만 해서는 안 된다. 직장생활을 하던 시절, 내 경우에는 직접 사장님에게 일정한 권한을 달라고 말했다.

우리 회사의 경우엔 담당자에게 약간의 권한 부여를 해주는 편이다. 그 범위를 넘어서는 경우엔 회사에서 결정하기도 하고, 사안에 따라서는 회사에서 전적으로 결정하되, 영업맨들에게는 주도적으로 일 처리를 하는 인상을 주어 서로 신뢰를 쌓을 수 있도록 하라고 조언해준다. 어찌 보면 사소한 부분일 수도 있으나, 개인적으로 영업맨 생활도 했었고 사장을 하면서 느낀 경험을 종합해볼 때, 영업맨이 그저 전달자에 불과하면 아무래도 직접 결정권자를 만나고 싶어진다. '뭐 하러 한 다리를 더 건너서 시간 낭비를 하는가' 하는 생각이 드는 것이다.

그런 경험이 있다 보니 우리 영업맨들에게는 반드시 주도적인 자세를 보여주라고 말한다. 때때로 약간의 권한을 주기도 한다. 도저히 단독으로 결정할 수 없는 것이더라도 거래처 담당자에게는 스스로 주관하는 인상을 주어야 한다.

> • 넷째, 상대를 배려하고 있고 진심으로 생각한다는 느낌을 주어라.

종종 회사 차원에서 거래처 관계자에게 부조할 일이 생기면 당연히 회사 돈을 내어주기 마련이다. 그런데 그 반 정도를 회사 이름으로 하고, 나머지 반은 담당자 개인 이름으로 부조하라고 한다. 그 외의 대인관계 기술은 영업맨이 알아서 할 일이겠지만, 회사 차원에서도 영업맨의 존재감을 끌어올리기 위해 노력한다.

또한 사무적인 냄새가 나는 용어를 가급적 빼라고 조언한다. '납기일, 납품 물량, 계약상' 등등 차가운 냄새를 없애고 인간미를 보여줄 표현을 세심하게 골라서 쓰자고 말한다. 그러다 보니 업무상 이메일 등을 주고받지만 가끔은 손편지를 써서 상대에게 보내주는 노력도 하라고 권유한다.

내게 손편지는 회사 경영 차원에서 중요했다. 사회 초년생 때 을지로 사장님들에게 보내면서 시작된 손편지 쓰는 버릇은 지금도 여전하다. 특히 직원들에게 신년 인사를 하기 위해 손편지를 쓰곤 하는데, 그러다 보면 회사 전반을 꼼꼼히 훑어볼 수 있어 좋다. 틀릴까 봐 한 번에 빠르게 쓸 수 없기에 그만큼 더 느리게 생각하면서 문제점을 충분히 숙지하게 해주는 좋은 글쓰기 방식이다. 더구나 그렇게 글을 쓰다 보면 그 손편지를 받는 직원들에 대해 한 번 더 생각해보게 된다. 그러면 자연히 그 직원을 향한 마음이 손편지에 담기게 된다.

또한 손편지의 장점은 쓰는 과정에서 나 자신을 돌아볼 수 있다는 것이다. 상대에게 편지를 쓰면서 내 마음이 정화되는 효과가 있는 셈이다. 그러한 점에서 손편지는 각박한 경쟁 사회에서 고객과 협력자들과 소통할 수 있는 강력한 수단이다. 편지지에 손수 쓴 글, 쓰다가 만 글, 다시 쓴 글은 쓰는 이도 읽는 이도 서로를 생각하는 시간을 갖게 한다. 친근해지고 마음을 열게 하는 메신저다. 그저 문자가 아닌, 이메일이 아닌 사람 냄새가 묻은 흔적이 가슴을 울린다.

결국 사람이 하는 일이다. 사람이 하는 일에 사람 냄새가 빠지면 결국 차가운 계약서 문장만 남게 된다. 필요할 땐 서로 함께하다가 필요 없어지면 차갑게 등 돌리는 관계가 된다면 그러한 사회적 네트워크는 모조리 신기루나 다름없다. 어려울 때 함께 견뎌줄 수 있는 동료와 협력자가 필요하므로 그런 관계를 쌓기 위해 노력해야 한다.

• 다섯 째, 이러한 노력이 습관이 되어 진심이 되도록 하라.

습관적으로 하다가 보면 자기만의 노하우도 첨가되면서 진심이 될 것이다. 누가 시켰거나 눈치 주기 때문에 하는 것이라면 안 하느니만 못할 수도 있다. 이왕 하는 거 자기 재산을 만든다는 기분으로 해야 한다.

이러한 구체적인 지침은 그저 막연했던 것을 비교적 명확하게 해주지만, 저마다 더 발전시킬 방법은 각자가 알아서 찾아야 할 것이다. 최소한의 방식만을 정해주고 이를 직원들에게 권유하는 것 정도가 사장의 몫이다.

만일 직원들이 제대로 하지 않고, 마지못해 하는 것이라면 사장은 스스로의 리더십을 살펴보아야 할 것이다. 그들을 나무라기 전에 그것을 권유했던 자신의 말에 어떤 문제는 없었는지 검토해야 한다.

즐거워서 하는 자를 이길 수 없다

사장은 누가 시켜서 억지로 일하는 사람이 아니다. 심지어 일이 없으면 찾아서라도 해야 하는 사람이다. 사장은 당연히 회사의 모든 직원들보다도 부지런해야 한다. 또 즐겁게 일해야 한다. 자기 사업이기 때문이다.

사장은 그러한 자신의 긍정적 에너지를 회사 전체에 퍼뜨리기 위해 노력해야 한다. 자기는 재미있어서 어쩔 줄 모르겠는데, 직원들은 그저 의무방어전 하듯 자기 일만 마치고 퇴근할 눈치만 본다면 그 회사는 잘 굴러가지 않는다. 일을 시키면 "그건 안 돼요!"라면서 해볼 생각조차 하지 않고 단점만을 본다면 그 회사 역시 선도자 역할을 하는 회사로 거듭나기는 어렵다.

그러나 직원들이 진심으로 즐거우려면 그게 그렇게 간단한 문제는 아니다. 속된 말로, 사장은 일할수록 자기 돈을 무한대로 벌 수 있지만, 직원들은 열심히 해도 어차피 한정된 월급 받아가기 마련이다.

그래서 업무 이외의 여가 시간에는 다른 관심사에 투자하는 것이 익숙한 풍경이다. '일하려고 사는 것'이 아니라 '살려고 일하는 것'이라는 말도 어찌 보면 틀린 말이 아니다. 내게는 미치도록 재미있는 일이 누군가에게는 어쩔 수 없이 해야 하는 고역인 셈이다.

다만 조금 아쉬울 때가 있다. 대개 많은 이들이 돈을 많이 벌고 싶어 하고, 그래서 창업을 해서 돈을 많이 벌어볼 꿈에 젖기도 하는데, 회사에 있는 순간은 현실 때문에 어쩔 수 없이 묶여있는 단계로만 여긴다.

그러니 일을 재미없다고 느끼게 된다. 집세를 내야하고 아기 분유 값이라도 벌려면 직장에 나와서 일해야 하는데, 그렇게 하는 일이니 일을 생계 수단으로 간신히 한다고 말하는 이들도 있었다.

:: 즐기는 자가 천재의 기본을 터득한다

이런 말이 있다.

'천재는 노력하는 자를 이길 수 없고, 노력하는 자는 즐기는 자를 이길 수 없다.'

멋진 말이다. 그만큼 일을 즐겨야 하는 것이다.

그런데 일을 즐길 수 있으려면 정말로 취향에 맞는 업무인 경우도 있지만, 성과가 좋아서 보상을 받을 수 있는 업무인 경우가 많다. 사실 온전히 취향에 맞아 즐길 수 있는 일은 누가 지정해준다고 될 일이 아니다. 그건 그냥 본인이 찾아야 할 부분이다.

하지만 그가 잘할 수 있는 일을 찾아서 권유해줄 수는 있다. 또 그러한 잘하는 일을 했을 때 보상이 충분하다면 종종 그 자체로 만족하여 즐길 수 있게 된다. 이때 '잘할 수 있는 일'이 곧 '즐기는 일'이라고 말해도 크게 틀리지 않는다.

그렇기에 사장은 그 직원이 회사에서 무엇을 가장 잘할 수 있을지 정확히 파악하여 해당 직원에게 적절한 직무를 주는 것이 중요하다. 처음에는 그 과정을 쓸데없이 여기고 바로 써먹을 사람만을 그 자리에 채용할 수도 있으나, 신입사원이라면 여러 일을 시켜보면서 적재적소에 배치하는 것이 바람직하다. 또한 우선은 결원이 생긴 업무를 맡기고는 차츰 기회를 봐서 적당한 자리로 옮겨줄 수도 있을 것이다.

이러한 수습사원 제도가 작은 기업에 맞지 않는다고 여긴다면, 처음부터 직원을 잘 뽑아야 할 것이다. 면접 시 그냥 훑어만 보지 말고 심도 깊게 면담해서 그가 무엇을 원하고 정말로 회사에서 열심히 할 수 있을지, 장기적으로 어떤 계획을 세우고 있는지 파악한 뒤 합격 여부를 결정해도 늦지 않다. 직원은 단기간 고용했다가 필요 없어지면 자를 수 있는 존재가 아니다. 일단 회사에 들어오면 비전을 공유하고 현실의 고충을 함께 짊어지는 존재다. 그런 이들이기에 뽑을 때 신중히 뽑거나 회사 내에서 충분히 기회를 주어 그의 자질을 계발해주어야 한다.

칭찬을 많이 받다 보면 자연스럽게 그 일이 좋아지고 차츰 프로 의식도 생길 것이다. 자기가 하는 일에 만족스럽지 않은 점이 보이면 그 일에 더 몰입하여 개선점을 찾으려 한다. 이런 상황까지 끌어내기 위해 사장이라면 보상과 처벌을 적절히 할 필요가 있다. 무조건 칭찬하는 것이 반드시 좋지도 않고 무조건 처벌만 하면 일단 직원들은 주눅이 들어서 일을 즐길 수가 없다. 매일 면피성 변명을 준비하고 눈치를 보게 되면 근무 분위기는 엉망이 된다.

사장은 각 직원들에게 잘 맞는 일을 찾아준 뒤 그들이 진정 일을 즐길 수 있도록 지원해주어야 한다. 보상 체계를 명확히 해주어 그들이 수당 받는 재미로 일하게 한다든가, 칭찬을 적절히 해주어 자기 성취욕을 채울 수 있도록 해준다든가, 권한을 좋아하는 직원에게는 적절한 재량권을 주어 일할 맛나게 해주는 방법을 쓸 수도 있다.

무엇보다도 직원들 사이에 끈끈한 유대로 '챙겨주는 분위기'를 만들 때 직원들은 회사 일에 만족도가 높아진다. 이직률의 중요한 이유 중 하나가 '동료 간의 불화'다. 일이 재미있으려면 일 자체가 재미있어야겠지만 직원 간의 유대도 돈독해야 한다. 그 일 자체에 대한 불만보다는 여러 다른 불만이 파국으로 몰아가는 것이다.

그러므로 사장은 직원들이 잘하는 일을 충분히 즐겁게 할 수 있도록, 일에 집중할 수 없게 하는 여러 장애 요인을 개선하거나 제거해나가는 일에도 신경 써야 한다.

:: 큰 목표와 깊은 의미를 심어주어라

그런가 하면 사장과 직원이 공유하며 서로를 격려하고 응원하게 할 방법도 있다. 이를 위해 지금 하는 일에 대해서 직접적인 해결사항이나 과거의 경험 등을 나누는 것도 좋을 것이다. 동시에 전체적으로 보면서 이 일을 잘해낼 때 회사의 앞날이나 당장의 효과를 예상해보고 의미를 부여해보는 것도 좋다.

자신이 하는 일에 동기가 부여되면 의외로 일을 열성적으로 하는 경우도 생긴다. 예를 들어 "우리가 스마트 배스를 성공적으로 시장에 내놓았을 때 시장의 선도자가 될 것이고, 화장실 문화를 일대 혁신하는 주인공이 될 것이다. 선배들이 일궈놓은 전통을 잘 잇고 심지어 미국과 유럽의 욕실 업체들을 앞질러갈 수도 있다."는 비전을 제시하고 그것을 위해서 이번 일이 중요하다고 한다면, 대개 일의 열정을 지닌 직원들은 마음을 다잡고 자신의 일에 큰 의미를 부여하게 된다. 사람은 성취의 동물이고 인정받고자 하는 욕망을 지닌 동물이다. 자신이 긍정적으로 의미 있는 인물이 된다는 것을 싫어하는 사람은 매우 드물다. 같은 일을 하더라도 자신이 하는 일에 여러 보람된 의미가 곁들여진다면 자부심도 생기고, 일이 즐거워진다.

조금 더 현실적으로 좁히면 그 일을 해냈을 때 직원의 미래를 함께 그려주는 것도 좋다. 이 일이 끝나면 직접적인 보상이 있다고 해도 좋고, 더 좋은 일을 맡길 것이라는 방식도 괜찮다. 사람은 그냥 일하는 것이 아니라 꿈을 그리면서 일한다는 것을 사장이라면 명심할 필요가 있다.

하지만 지나치게 거창한 비전을 너무 자주 동기 부여의 목적으로 쓰면 효과가 반감된다. 스스로에게도 마찬가지다. 상상하여 자극을 받고 즐겁게 일을 도모할 수 있을 정도로만 활용하는 편이 낫다.

또한 함부로 너무 쉽게 약속한 뒤 어겨서도 안 된다. 약속을 지키지 못하면 그 뒤로 많은 노력이 물거품이 될 수 있다. 통상적인 허언으로 직원이 단정해버리면 신뢰가 무너진다. 그러니 실질적인 칭찬과 약간의 공약을 내거는 것을 고려해볼 만하다.

혹은 일의 중요도를 강조하고 '그를 중용하고 있다'는 점을 일러주는 것도 괜찮다.

:: 열심히 하는 자를 더 챙겨주어라

각자의 방식이 있겠지만 일에 대한 보상은 확실해야 한다. 신상필벌(信賞必罰), 상을 줄 때는 상을 주고 벌을 주어야 할 때는 벌을 주어야 한다는 의미다. 나름대로의 규칙은 엄정하게 유지하되 각자 작은 기업에 맞게, 사장의 감각에 맞춰 보상 체계를 합리적으로 정돈해야 할 것이다.

내 경우에는 직원들이 일을 즐겁게 하려면 그 일을 한 만큼 분명하게 보상받아야 한다고 생각한다. 결국 사장이 되려는 것도, 직장에서 일을 하려는 것도 '돈을 벌어, 먹고 살자'는 것이 제1순위의 이유다. 자기실현의 꿈도 있고, 더 큰 야망이 있을 수도 있겠지만, 그것을 모두에게 적용하기는 어렵다. 당장 먹고 살기 어려운 사람에게 꿈을 가지라고 말하면 그에게 그 말이 허황된 소리로만 들릴 것이다.

결국 직접적인 보상은 분명한 수치인 돈, 혹은 각종 부상으로 돈에 준하는 값을 하는 것이어야 한다. 미래의 약속이 '선도자가 될 수 있다'는 이상적인 목표인 것을 넘어서 '노고를 치하하여 출세를 보장'하는 식이 되어야 한다. 속물적일 수 있어도, 이러한 보상 역시 '큰 목표와 깊은 의미'를 부여하는 것만큼이나 중요하다.

이때 내 경우에는 직원의 사적인 면을 미리 연구해둔다. 그의 걱정거리쯤은 알아야 사장이라고 생각하기 때문이다. 대기업이라면 기업의 합리적 체계를 보고 지원하게 되지만, 작은 기업의 경우 사장 하나만 보고 오는 사람들이 많다. 사장의 비전과 능력이 작은 기업의 전부라고 해야 할 때도 많다. 우리 회사의 경우 그 단계를 넘어서 30년 동안 성장해오면서 회사만의 여러 자산이 생겼지만, 이제 막 시작하는 작은 기업이라면 오로지 사장밖에 볼 것이 없다.

사장은 직원을 소중히 여기고 그와 인간적으로 지낼 수 있어야 한다. 그런 면에서 미리 파악해둔 직원들의 개인적인 고민을 감안하여 그들에게 보상할 때 적절히 반영하는 것도 좋은 방법이다. 이때 보상을 공개적으로 해야 할 것과 비공개로 해야 할 것으로 나눈다.

공개적으로 특정 사원의 월급을 인상하거나 보너스를 주려고 할 때는 어떻게 해야 할까?

객관적으로 성과가 좋은 사원이라면 공개적으로 포상하는

것도 좋은 방법이다. 모두가 그 대상이 될 수 있다는 점을 알려서 일의 열성도를 끌어올리려는 목적도 있다. 하지만 이것을 지나치게 활용할 경우 문제가 발생할 수 있다. 자칫 후배가 선배보다 과한 대접을 받았다고 느끼거나 상사가 공을 가로챘다고 느끼는 경우가 생길 수도 있다. 때로는 보상을 받는 직원이 질시의 대상이 되는 역효과도 고려해야 한다. 사내 분위기가 지나치게 늘어지고 슬럼프에 빠졌다면 공개적으로 보상하는 방법도 쓸 만하다.

그런가 하면 비공개적으로 더 챙겨주어야 할 때도 있다. 예를 들어 당장 결혼을 해야 할 사람이라면 돈이 더 필요할 수 있으므로 조용하게 그런 애로사항을 참작해주는 것이다. 또 단순히 일의 성과뿐 아니라 어떤 직원의 부모님이 편찮으셔서 병원비가 많이 들어간다는 사실을 알았다면 따로 불러서 더 챙겨줄 수도 있다. 이것은 작은 기업 사장의 재량이다. 집안 환경, 경제적 상황, 결혼 유무, 근무의 열의 등 여러 요소가 이러한 비공개 책정을 할 때 검토 상황이 된다.

공개와 비공개의 비율은 20%와 80% 정도다.

:: 무조건 긍정적이어야 한다

우리는 흔히 일하고 나서 "수고했습니다"라는 말을 한다. 그런데 나는 이 말이 마음에 들지 않는다. 고생했다는 뜻 아닌가. 그러면 우리가 한 일이 고생이었다는 말이 된다. 일은 즐거워야지 고생으로 받아들여서는 안 된다.

말에는 어떤 힘이 있어서 폭언을 들으면 기분이 나빠지거나 의기소침해진다. 자꾸 부정적인 말을 해도 일을 할 흥이 안 나게 된다. 그래서 말의 표현이 중요하다. 협력체 담당자를 만날 때 되도록 비즈니스적인 냄새를 피우지 말라고 조언하며 그러한 용어를 가급적 삼가라고 하는 것도 말의 신비한 힘 때문이다.

한 유통 회사에서는 모든 사원에게 '~님'자를 붙이게 했다. 매장 직원들 중에는 주부 사원이 많았기에 그들에게 존칭을 붙여주려는 의도에서 시작했겠지만, 애초에 직원들 간에 존칭을 쓰는 문화로 바꾸어서 바람직한 사내 문화를 확립하겠다는 의도도 있었다.

이처럼 각 회사마다 저마다의 가치관에 따라 사내 문화를 만들어나가려 할 때 언어 표현의 문제는 의지를 보여주는 출발점이다. 그런 점에서 보면 일을 즐겁게 하는 분위기는 내가 사업

을 하면서 만들어가고 싶은 문화였다. 이를 위해 '수고합니다'
보다는 '축하합니다'라는 표현을 선호했다. 일이 아니라 자신이
좋아하는 활동을 하는 것이니 축하할 만하지 않는가? 그러한
사소한 인사에서 직원들이 스스로의 업무를 긍정적으로 대할
수 있기를 바랐다.

　본인이 재미 없어하는 일을 하면 성과도 별로인 경우가 많
다. 지금도 즐기는 일 문화를 잘 반영할 만한 구호나 문화를 만
들려고 구상하고 있다. 이것이 시간 낭비라고 하는 사람이 있
을 수 있는데, 절대 그렇지 않다. 동사무소에서 공무원들이 띠
를 두르고 친절 행정 등을 알리며 주민을 맞는 경우를 가끔 볼
수 있다. 이것은 홍보의 효과도 있지만 직원 스스로 전체의 기
조를 다시금 깨닫고 정신 무장을 하는 것에 효과가 있다. 평사
원에게도 '~님'이라는 호칭을 붙이면서 모두가 서로를 존대하
는 것 역시 그런 면에서 상징적이다.

:: 사장의 웃음은 필살기다

　직장 분위기를 좋게 하기 위해선 사장이 웃고 있어야 한다.
사장이 얼굴을 찡그리거나 아침부터 간부직원을 줄줄이 불러

다가 업무 성과를 놓고 타박하기 시작하면, 그 날은 사장에서 시작된 불똥이 임원에서 부장으로, 다시 부장에서 과장, 결국에는 말단직원 앞에까지 가서 다 타야 끝날 수 있다. 그러면 회사 전체의 분위기가 나빠질 수밖에 없다.

물론 때로는 이러한 자극을 주어 전체를 다잡아야 할 때가 있다. 그럴 때를 제외하고는 사장은 되도록 웃고 있어야 한다. 웃을 기분이 아니더라도 그것을 눈치 채게 해서는 안 된다. 직원들은 금세 알아채고 사장 눈치를 보기 때문이다.

불황이라서 출구가 끝없이 보이지 않거나, 지금 하는 일의 성과가 엉망인데도 당장 그것을 중지하기도 어려운 상황이라면 사장 역시 유쾌할 수만은 없다. 그렇다고 무턱대고 화내면 안 된다.

사장이 화를 내거나 얼굴을 찡그린다면 스스로 반드시 그럴 이유나 효과를 고려해야 한다. 자기 기분에 따라 움직이려면 사장을 해서는 안 된다. 사장은 모두의 기분에 영향을 끼치는 사람이다. 즉 사장의 행동 하나가 그날의 일 분위기에 매우 큰 영향을 끼칠 수 있다.

도저히 통제가 안 되는데 결코 화를 내서는 안 될 상황이 있다면 나름 추스르는 법을 마련해놓고 적절히 활용해야 한다. 이를 통해 되도록 회사 분위기는 즐겁게 유지하는 것이 좋다.

되도록 이러한 유쾌함이 사장의 진심이 된다면 더욱 좋을 것이다. 즉 사장은 직원들이 행복을 느낄 수 있도록 배려해야 한다. 남을 웃게 하는 말 한마디, 시간 약속을 잘 지키는 성실한 모습, 사원들과 함께하는 근면한 태도, 직원들을 스스럼없이 개방적으로 대하면서 세심하게 관심이 갖아야 한다.

또한 긍정적이고 칭찬을 많이 하는 분위기를 만들려고 노력할 필요가 있다.

:: 'fun-fun'해져라!

이러한 즐거움은 우리 내부에서만 느껴서는 안 된다. 이를 협력사 관계자들도 느끼고 궁극적으로 고객이 우리 제품을 쓰면서 재미있어야 한다. 우리 회사가 고객의 즐거움을 위해 얼마나 노력하는지 느끼게 해야 한다. 의례적인 뻔한 각오쯤으로 여겨서는 안 된다.

요즘의 중요한 키워드는 'fun'이다. 제품을 사서 실용적인 것에만 집중하던 시대를 지나서, 이왕이면 디자인이 예뻐서 눈도 즐겁고 신기한 기능이 만나서 오감도 즐거운 제품을 찾는다. 그래서 어느 순간부터 CD 재킷이 아름다워지고, 각종 공산품의 디자인에 공을 들인다. 삼성과 같은 기업에서는 유럽에서 유명 글로벌 기업 수석 디자이너들을 영입하기도 한다.

심지어 감각적인 디자인과 독특한 사운드로 세계적인 명성을 누리기도 한다. 우리의 데코레이션 욕실 시스템 역시 "동화속 거울 앞에서 마시는 차 한 잔 근사하다"는 호평을 받곤 했다. 타일, 세면대, 양변기, 거울 등 욕실에 관한 모든 것을 예술적이면서 단일화 콘셉트를 적용하여 하나의 실용적인 작품을 만들어내어 사용자가 즐거워할 수 있도록 설계했다. 특히 욕실 전체를 커피 잔을 연상하게끔 디자인해서 아름다운 그곳에서 커피를 마시며 휴식을 취한다는 느낌을 받도록 배려했다. 단순히 생리 작용을 해결하는 곳이라는 일차원적인 수준을 넘어서서 고객이 욕실에서도 커피숍에서의 우아한 시간을 즐길 수 있도록 했다.

모두 재미를 추구했다는 특징이 있다. 이제는 밥통도 밥만 하는 것이 아니라, 김을 뺄 때도 즐거운 음악소리가 나고 말로 밥이 다되었다는 걸 알리는 'fun'한 기능에 세심하게 주목해야할 때다. 누군가는 이런 기능이 뻔한 것 아니냐며 평가절하하기도 하지만, 'fun'한 기능 하나를 만들려고 해도 엄청난 고려를 해야 한다. 질리지 않으면서 쉬운 기능, 그래서 뻔한 줄 알았는데 알고 보니 줄기차게 'fun'한 기능을 찾기란 그리 만만치 않다.

스마트 배스의 시대에는 사소한 즐거움이 판세를 가를 수도 있다. 세심한 일상의 감각을 확인하고 검토해야 하는 것이다. 이것은 너무도 사소해 보여서 자칫 주변에 있음에도 그냥 흘려버리기 쉬운 대목이다. 변기의 물 내리는 소리가 너무 뻔한 건 아닌가? 예전에는 '그냥 물만 잘 내려가면 되었지, 뭘 그래?'라며 쓸데없는 고민을 한다고 그럴 수도 있지만, 잘 생각해보면 이것은 사소하지 않다. 여성들은 변기 물 내리는 소리나 변기에 소변을 볼 때 나는 소리가 밖에 들릴까 봐 신경을 무척 쓴다. 이러한 불편한 심리를 누그러뜨리고 잠깐의 즐거움을 줄 방법은 없을까? 이런 유의 사소해 보이는 고민조차 경쟁력 있는 명품을 만드는 데는 중요한 요소다.

21세기는 지식사회라고도 하지만 그 어느 시대보다 감성을 중시하는 사회다. 사람들이 제품을 그저 실용적인 면으로만 대하지 않는다는 것, 때로는 자전거에도 별칭을 붙여주는 'fun'한 습성이 있다는 것을 이해해야 한다. 우리 제품 역시 'fun'한 장점을 지속적으로 수용해야 할 것이다.

상생공존은 적자생존보다 강하다

자본주의의 가열된 경쟁 체제 속에서 '적자생존'이라는 말이 설득력을 얻는다. 아주 틀린 말은 아닐 것이다. 결국 경쟁을 해야 하고 여기서 도태되어 사라지는 기업도 많았다.

우리 업계에서도 여러 기업이 있었지만 IMF 때 많이 사라졌다. 우리는 당시 고급화 전략으로 취하고 있어 큰 부침이 없었지만 언제나 변동이 심한 경쟁 사회에서 긴장을 늦출 순 없었다.

영원할 것 같은 위세도 현 자본주의 체제에서는 1세기를 넘기기가 어렵다. 그래서 사장들은 항상 노력해야 한다. 정주하지 말고 세계의 흐름을 살펴야 한다. 이때 오래 살아남기 위한 답은 '적자생존'보다는 '상생공존'이다.

:: 협력자들에게 득을 주어야 한다

사장은 혼자만 잘 살려고 하면 안 된다. 그런 생각을 하는 순간 자멸의 길로 들어설 수 있다. 결국 같이 사는 세상이다. 나는 살아가면서 인연을 중시했다. 의리는 중요하고, 은혜는 받은 만큼 갚아야 한다. 내가 이득을 얻으면 누군가 함께 이득을 나누어 얻어야 함께 힘을 합쳐 역경도 이겨나갈 수 있다.

협력업체와도 상생하는 구조를 만들어야 하고 그것이 당연시되는 문화여야 한다. 사람은 계약서를 근거에 두고 움직이기도 하지만 결국 인간적인 유대를 저버리지 않는다. 사장들이 항상 냉철하게 움직이는 것은 아니다. 회사를 유지하고 자기만 바라보는 이들을 보호하기 위해 때로는 냉철해야 할 때도 있지만, 기본적으로 서로 거래를 할 때는 서로에게 이득이 되어야 한다는 것이 지론이다. 우리가 더 먹겠다고 상대의 이득을 빼앗는 것을 자제해야 한다. 그것은 멀리 보지 못하는 행동이다. 되도록 원한에 사무친 적을 만들지 않아야 한다. 언제 어디서 비수가 날아들지 모른다.

반대로 경쟁 사회에서도 협력자와 경쟁자를 친구로 만들 수 있으면 그렇게 해야 한다. 배신이 난무하는 전장이라는 표현도 있지만, 그렇지 않은 경우도 많다. 뜻하지 않게 자신의 기업이 위기에 처했을 때 친구가 도움이 되어주기도 한다.

'적자생존'을 해야 하는 상황이더라도 모든 순리가 그렇게 돌아가는 것은 아니다. 또한 아주 큰 범위에서 결국 변화의 급류에 휩쓸려 사라지는 기업이 있더라도, 동료로 택한 이들과는 '상생공존'하겠다는 마음가짐으로 일사불란하게 대처해야 살아남을 확률도 높아진다. 심지어 경쟁자조차 때로는 동료일 수 있다. 당장은 경쟁자라고 하더라도 그 업계 자체가 사양화되면 다 소용없는 경쟁이 될 수도 있다. 그리고 업계 자체를 살리는 일은 혼자서 할 수 있는 일도 아니다. 협력자들 몇몇과 도모할 수 있는 일도 아니어서 결국엔 경쟁자조차 잠재적인 협력자인 셈이다.

그러므로 '적자생존'이 아니라 '상생공존'에 집중해야만 크게 살 수 있다고 생각한다. 과거 TV 드라마 《상도》를 보면 '장사는 이문을 남기는 것이 아니라 사람을 남기는 것'이라고 했는데 상당히 그럴 듯한 말인 셈이다. 협력자들과 상생공존하며 이득을 남기는 것이 모두의 수명을 연장하는 지름길이다.

:: 경쟁은 삶의 힘이지만 지나친 경쟁은 독이다

물론 자본주의에서 전체적인 흐름은 '적자생존'이고 변화된 시장에 적응해야만, 그다음 품위 있는 생존이 가능해진다. 사실 자본주의 사회에서 기업 간의 경쟁은 불가피한 면이 있다. 자본주의는 기업들이 자기 이익을 먼저 생각하고 합리적으로 경쟁한다는 것을 전제한 체제이기도 하다.

하지만 지나친 적자생존의 암투는 두 기업을 치킨게임으로 몰아가고 종국에는 그 업계 자체에도 악영향을 끼친다. 이는 정당한 경쟁이 아니라 모두를 침몰시키는 이기적인 행위에 불과하다.

시장에서는 불협화음을 과도하게 조장하는 이기적인 존재들을 퇴출시키기도 한다. '적자생존'의 표현에는 '무조건 이기는 자'라는 뜻뿐만 아니라 '환경에 적합한 자'라는 뜻도 담겨있다. 만일 협동하는 것이 모두의 생존에 적합하다면 경쟁에서 이기려는 자들보다는 모두와 화합하는 쪽이 살아남기에 더 적합한 셈이다.

즉 과도한 경쟁으로 마진 없이 '나부터 살고 보자'는 식으로 무리한 가격경쟁을 하겠다는 발상은 매우 위험하다. 작은 기업은 특히 이런 경쟁에 취약해서 때로는 글로벌 기업들이 가격을 내리고는 작은 기업의 생존을 뒤흔들어버린다. 이때 서로가 불신하며 먼저 살아남겠다고 과도하게 가격 경쟁을 하면, 결국 글로벌 기업이 교란시킨 가격에 맞추려고 상품의 질이 떨어질 것이다.

경쟁업체를 죽이기 위해 무모한 손해를 본다는 것은 경쟁이 과열된 것으로 볼 수 있다. 그렇게 경쟁사를 없애고 소수의 기업들만 살아남게 되면 궁극적으로 소비자가 피해를 본다. 때로는 그때의 손실이 가해자 기업에게도 적잖은 타격을 주어 승리한 기업조차 결과적으로 이득을 보지 못할 수도 있다. 최악의 경우엔 글로벌 기업 등 거대기업 좋은 일만 시키고 모조리 도태될 수도 있다.

모두가 공멸해버리면 소비자로서도 손해다. 글로벌 기업이 텅 빈 시장을 휘저으며 제멋대로 가격을 책정할 수도 있다. 심할 경우 비싼 가격의 질 나쁜 제품을 울며 겨자 먹기로 써야 하는 경우까지 발생한다.

이런 점을 막기 위해 업계에는 서로의 소통을 중재하는 협회가 있기 마련이다. 서로 자제해야 할 상황에 이르면 그런 기관에서 중재해볼 수도 있다. 그럼에도 역시 스스로 소신을 지니고 공멸적인 행위를 자제해나가는 것이 바람직하다.

우리 회사의 경우엔 애초에 고급화 전략을 세웠고, 제품을 정당한 가격을 받고 팔려고 했다. 그리고 지금까지 기본 방침을 충실히 지켜온 편이다. 애초에 지나친 경쟁 구도에 얽히기보다는 우리가 했던 대로 해나가는 전략을 기본에 두고 있다.

모두와 소통하고 원칙을 지키려고만 한다면 공멸하는 어리석은 패를 쓰지는 않을 것이다. 사장은 당장의 이익이나 지나친 이기심에 휩싸이지 않도록 해야 한다. 멀리 보면 결국 그 칼끝이 자신을 향하게 될 확률이 높다.

:: 인기는 진심을 다하는 마음에서 온다

사장이라면 '신의를 잘 지키고 사람을 함부로 대하지 않는' 사람이 인기가 많다. 이것은 모든 사람에게도 통하는 덕목이지만 사장이라면 리더로서 처신을 더욱 잘해야 한다.

사장이라면 주변에서 인기 있는 사람이 되어야 한다. 단순히 공명심 때문이 아니다. 특히 작은 기업의 경우엔 사장의 얼굴과 이미지가 그 기업에 영향을 끼친다. 그렇기에 긍정적으로 처신하되 자신의 얼굴을 기업의 홍보판처럼 여기고 활동해야 한다.

기업을 하다가 보면 지역 사회에 도울 일도 생기는데, 무리하지 않는 범위에서 그들과 친분을 맺어놓는 것이 좋다. 구체적인 이득이 있다고 여기지 말고 성심껏 봉사도 하자. 기부도

가능하다면 하는 것이 좋다. 물론 많은 곳에서 연락이 오다 보면 힘에 부칠 수 있다. 억지로 할 필요는 없다. 한두 군데만 제대로 해도 된다.

직장 내에서도 직원들을 배려해야 한다. 결국 일해 줄 사람들은 직원들이다. 사장은 밑그림을 올바르게 그리려고 무수히 노력하지만, 그것이 실행되기 위한 내용을 채워나가는 사람들은 직원이므로 그들을 배려해야 한다. 심지어 '사장은 회사에서 월급을 가장 나중에 가져가는 사람'이라는 말이 있는데 맞는 말이다.

직장생활 하던 총각 시절 월급날이 다가왔을 때 내가 하던 일이 현금이 얼마나 있는지 확인하는 것이었다. 그리고 모자라면 수금을 해 와서 부족한 만큼 채워 넣었는데, 그것이 어렵게 된 날에는 내 월급을 받지 않고 우선 결혼한 동료들에게 월급을 나누어주었다. 그런 모습이 동료들에게도 괜찮아 보였는지 나를 싫어하는 직원이 없었다.

남을 먼저 생각하면 될 일이다. 물론 이러한 행동을 과시해서도 안 된다. 괜히 선의를 베풀고도 공치사한다는 욕을 얻어먹기 십상이다. 절대적으로 겸손해야 한다. 그저 묵묵히 행해야 한다. 지역사회에서 봉사하는 것도 마찬가지다. 교회를 나가서 선교하더라도 마찬가지다. 절에 가도 마찬가지다. 은근하되 꾸준히 얼굴을 내보이고, 능력껏 마음을 보여주어야 한다. 성심껏 오래 하면 그들의 마음도 열린다. 지역 사회에서 OO기업 OOO사장을 기억해줄 것이다. 살면서 의미 있는 일이다.

꼭 봉사나 기부나 희생이 아니어도 좋다. 인기 있는 사람이 되는 방법은 여러 가지다. 협회를 주도하며 같은 업계 종사자를 하나로 묶어줄 수도 있는 것이요, 멘토로 모셨던 노년의 선생님들에게 작은 보답을 해드릴 수도 있다.

세금을 잘 내는 것도 하나의 방법이다. 이것은 권리이면서 함께 사는 사회를 만들기 위해 매우 중요한 의무이기도 하다. 세금을 많이 낸다면 그것만으로도 애국자다. 대한민국이 선진국이 된 것도 누군가가 세금을 많이 냈기 때문이다. 직장인은 월급 액수에 따라 세금을 내는 애국자다. 또한 사장은 그보다 더 많이 낼 수밖에 없는 애국자다. 부가세·소득세·주민세·관세·종합토지세·취득세·양도소득세 등 세금의 종류도 참 다양하다.

많이 버는 사람이 세금을 많이 내는 것은 당연하다. 이것이 싫다면 돈 버는 일을 안 하면 된다. 세금을 내고 그것으로 우리 사회가 달라지는 것을 보면서 '내가 항상 우리 사회에 기여하고 있다'고 생각하게 된다면, 비로소 세금 내는 일도 즐거워진다.

사장이라면 '폼생폼사'도 어느 정도 할 줄 알아야 한다. 무조건 이익만 좇고 별 이득이 되지 않으면 바로 사람이든 물건이든 다 버리는 사람들이 있는데, 그런 부류들은 기업인이 아니라 초라한 장사꾼으로밖에 보이지 않는다. 돈 다 싸 짊어지고 갈 것도 아니면서 수전노처럼 짜게 굴다가는 자신이 어려워질 때 사람들의 차가운 외면을 받을 수도 있다.

사장도 사람답게 살아야 한다. 사람이 사는 세상이다. 성심껏 좋은 사람으로 살려고 노력하다 보면, 다른 좋은 사람들이 그걸 기억해줄 것이다. 이것이야말로 상생의 시작이다.

리더는 모범을 보여야 한다

　　사장은 회사의 리더다. 리더는 회사의 많은 직원을 이끌어야 한다. 그렇기에 먼저 흔들려서는 안 되고, 먼저 쉬어서도 안 된다. 스스로에게 더 철저해야 한다. 그래서 예전에는 아침 7시에 출근해서 회사를 돌면서 이것저것을 살피기도 하면서, 처음 직장생활 했던 것처럼 생활했다. 직원들에게 어려운 일을 시키려면 그보다 더 까다로운 일을 해내야 한다고 생각했다. 자기는 귀찮거나 책임질 일에서 쏙 빠져서 있거나 일을 저질러놓고 결정적인 순간에 직원에게 해결하라면서 책임을 떠넘겨서도 안 되었다.

　　:: 솔선수범하라

　　사장은 거드름을 피우는 자리가 아니다. 사장의 솔선수범은 언제든 계속되어야 한다. 솔선수범도 적당히 해야 한다는 의견도 있지만 나는 그렇게 생각지 않는다. 사장이 나서지 않으면 직원들도 눈치를 보게 된다. 말로만 지시하는 것에는 한계가 있다. 직원들의 눈은 예리하다. 솔선수범 하는 척하지 말고 그냥 솔선수범 하면 문제가 없다. 그래서 나 역시 출근도 일찍 하고 자꾸만 일을 찾아서 하려고 한다. 특히 사장은 일을 지속적으로 직원들에게 줄 수 있어야 한다. 그래야 사장 일을 제대로 하는 것이다.

사장은 어려운 일을 해결해주는 사람이어야 한다. 평소에 가만히 있다가도, 직원들이 도저히 해결 못 할 일이 무엇인지 재빨리 알아채고 업체에 연락해서 곤란한 일을 해결해주어야 한다.

사장은 중요한 결정을 내려야 할 때 우유부단하다는 말을 들어서도 안 된다. 해군의 엘리트를 양성하는 사관학교에는 '지휘관은 선두에'라는 말이 있다. 전장에서 '나를 따르라'고 하는 맹장의 모습을 떠올릴 수 있을 것이다. 작은 기업은 대군을 이끄는 대기업과 달라서 소수정예의 기동타격대를 이끌고 적진에 뛰어들 수 있어야 한다. 그러기 위해 맹장인 사장이 앞에서 방향을 잡아야 한다.

목숨을 걸어야 할 만큼 비장한 전투에서 자기만 쏙 빠진다면 아무래도 부하들로서는 힘이 빠지기 마련이다.

결국 사장이 결단해야 한다. 자칫 결정을 잘못 내렸을 때 기업 전체가 흔들릴 수도 있기에 항상 스스로를 과신해서도 안 되고, 귀를 열어두되 직원들에게 책임을 떠넘겨서도 안 된다.

직원들로서는 자신들보다 부지런한 사장을 부담스러워 할 수는 있다. 개의치 말자. 결국 회사가 흥하게 되어 더 많은 보상을 받게 되면 모두가 행복해진다.

사장은 일뿐 아니라 인품으로서도 솔선수범해야 한다. 자기 기분에 따라 아무에게나 화풀이를 한다면 겉으로는 두려워할지 몰라도 아무도 좋아하지 않을 것이다. 겉으로 누군가 두려워하는 사람이 되어서는 안 된다. 그 순간 속마음들이 닫히고 회사에서 혼자만 고립되고 말 것이다. 그러면 사장은 사장실에 갇힌 외로운 독재자, 철창에 갇힌 맹수처럼 되어버린다.

사장은 직원들의 큰 형이자 아버지 같아야 한다. 그들의 상담자가 되기도 하고, 때로는 엄정한 심판관이 되어야 한다. 이를 위해 권위를 억지로 강요하는 것이 아니라, 그들 스스로 사장을 그렇게 여기도록 만들어야 하니 사장은 항상 수행하듯 자신을 갈고 닦아야 한다.

그렇다고 솔선수범이 '아랫사람 눈치 보기'가 되어서는 안 될 것이다. 소신이 없는 솔선수범은 피곤한 잔 몸짓에 불과할 수 있다. 리더는 자상하되 동시에 엄격해야 한다. 그 엄격함은 자신을 향하기도 하고 직원에게도 동등하게 적용되어야 한다. 진정으로 자상한 상사는 직원에게 엄격하다. 그냥 직원의 일도 다해주는 사장이 되어서는 안 된다. 자기도 하지 않을 일을 남에게 슬쩍 떠민다는 인상도 주어선 안 된다.

엄격한 리더는 잠시 미움을 받을 수 있지만, 결국에는 존경받게 된다. 작은 기업에는 독재자적인 결단이 어울릴 수도 있다고 하는데, 그런 점에서 보면 솔선수범은 '자연스럽게 직원을 이끌어서 함께 일하기 위해 먼저 모범을 보이는 것'이 되어야 한다.

:: 사장은 자신의 의무 이상을 해야 한다

"경영자는 자신의 의무 이상을 해야 한다."

오스트리아의 작가 마리 폰 에프너 에센바흐의 조언이다. 직원들끼리는 업무 분담을 명확히 하여 업무의 경계를 규정짓는 경우가 흔한데, 사장은 그럴 수 없다. 사장에겐 회사에서 진행되는 모든 업무가 자신의 일이고, 당장은 아니더라도 앞으로 해야 할 일을 예견하고 대비하는 것도 사장의 일이다.

사장은 하나부터 열까지 스스로 책임져야 한다. 직원들을 믿어야 하지만, 그것과는 별개로 스스로도 보고 전에 그것을 파악하고 있어야 한다. 그게 작은 기업 사장의 일이다.

솔선수범하여 먼저 파악하는 것이 중요하지만 개개인의 프로젝트 진행 사항을 알려면 수시로 보고를 받아야 한다. 격식을 차리지 않아도 좋다. 대기업에서는 하나를 보고하는 것에도 서식을 갖추거나 프레젠테이션을 하기도 하는데, 작은 기업에서는 그런 것에 구애받지 않아야 한다. 서류로 증거를 남긴다는 건 매우 체계적이지만 '서로의 책임을 분명히 한다'는 공무원적인 사고방식일 수도 있다.

작은 기업에서는 그냥 다 사장 책임이다. 직원이 잘못했다고 그 직원을 몰아세워서는 안 된다. 원칙적으로 사장이 처음부터 제대로 주의를 주지 못했기 때문에 생긴 일로 간주해야 한다.

지적하고 혼내지 않아도 직원으로서는 실수를 했다면 심적으로 충분히 부담스럽기 마련이다. 그런 직원들에게 일일이 실수할 때마다 벌금을 물게 하는 곳을 본 적이 있는데 개인적으로는 반대한다. 직원들이 사소한 데서 자존심이 상하고 만일 그 벌금이 만만치 않을 경우엔 일할 의욕도 현저히 떨어지고 만다.

물론 애초에 이런 고민을 할 필요 없게 하면 될 것이다. 그러기 위해 처음부터 잘 보고 받아 충분히 검토한 뒤 올바른 결정을 한다면 그만큼 실수를 줄일 수 있다.

보고를 얼마나 자주 해야 할지는 회사마다 규칙이 있을 것이다. 사장이 매일 간단하게 말로 보고받을 수도 있고, 2~3일에 한 번 받는 경우도 있고, 일주일에 한번 받는 경우도 있을 것이다. 또 상시적으로 담당자들을 불러들여 긴 시간 협의하는 경우도 자주 발생할 것이고, 해외 출장 중이라면 카카오톡이나 컴퓨터 메신저를 활용해야 할 경우도 생긴다. 얼마든지 비용을 들이지 않으면서도 옆에서 보고 받듯 할 수 있다. 귀를 열어두어야 한다. 간단한 하루의 보고든, 결정해야 할 사항에 대한 중대한 문의든 사장은 매일 할당을 정해두고 회사 전체의 일을 파악해야 한다.

날마다 많은 양의 보고를 받다 보면 반드시 메모하는 습관을 지녀야 한다. 특히 나처럼 중국 출장도 다니면서 한국의 일까지 파악하려면 항상 기록해서 분류해놓아야 한다. 안 그러면 깜빡 잊고 만다. 여기서 정한 일을 다른 쪽에서 한 것으로 착각할 수도 있다. 그래서 항상 메모할 수 있는 도구를 옆에 두는데 그것도 잃어버릴 때가 있을 것 같아, 아예 스마트폰 2대, 아이패드 2대, 노트북 2대를 집과 회사에 비치해놓았다. 어디를 가더라도 메모를 상시적으로 할 수 있도록 한 것이다. 이렇게 해 놓으면 일단 기억해야 할 것은 무조건 스마트기기에 기록하게 된다.

어떤 사장님의 경우엔 한 달에 한 번 '보스타임'을 설정해놓고 차 안이나 음식점 같은 곳에서 개인 시간이 날 때 메모장도 펼쳐보면서 집중적으로 해결 과제를 검토한다고 하는데, 내 경우엔 딱히 그런 시간을 마련해 두지는 않는다. 수시로 메모장을 보기 때문이다. 잠자기 전에도 생각나면 펼쳐 보고, 바이어를 만나러 가면서도 시간이 남으면 폰으로 메모장을 열어보곤 한다. 그러다 보면 메모의 내용이 자연히 머리에 숙지되고 기본적인 해결책이 잡히곤 했다.

직원들로서는 각자 자기가 내게 내민 프로젝트의 결정사안을 기다리고 있을 수도 있다. 그런데 일정이 바쁘다 보면 구체적인 결정 사안에 대해 지시할 틈이 없다. 직원이 참다가 내게 먼저 물어올 때쯤이면, 이미 검토가 끝난 채로 더 좋은 방법이 있을지 차분히 생각을 굴릴 경우가 대부분이다. 그러니 내 나름대로 정한 마감 시점이 바로 직원들이 결정 사안을 알고자 물어올 때다.

'사장의 시야는 간부의 두 배'라는 말이 있다. 실무적인 일이 직원보다는 적은 대신 전체를 조망하는 데는 유리하다. 젊었을 때 해당 실무를 철저하게 익혔던 사장이라면 더더욱 시야가 넓어진다.

이런 점에서 보면 한 명의 신입사원을 어엿한 베테랑으로 키워내는 데에도 그 바닥에서 잔뼈가 굵은 사장의 직접적인 도움은 효과적이다. 사장이 직원을 믿어야 하지만, 사장이 직원과 긴밀히 협력하며 그가 담당한 일을 지원해주는 것도 전체 능력의 향상에 중요하다.

:: 지시는 구체적으로 하고 뒤끝이 없어야 한다

사장은 조직을 강력하게 이끌기도 하고, 부드럽게 이끌 수도 있다. 그 어느 것이든 자기만의 방식을 찾으면 되겠지만, 그 어떤 경우라도 상대를 감화시키는 재능이 필요하다. 머리로 알게 하는 것이 아니라 함께 심장으로 통하도록 해야 한다. 돈으로 맺어진 인연이지만 진정한 동료가 되기 위해서는 돈으로만 엮이면 안 된다. 단지 월급을 주거나 파트너에게 대금을 지불하는 것으로 끝내서는 안 된다.

이때 일관된 면이 필요하다. 무엇을 싫어하고 좋아하는지 명쾌하게 보여주어야 한다. 일정한 기준이 없고 그때그때 기분에 따라 기준이 변한다면, 그것에 맞춰주는 사람 입장에서는 난감하다. 지시할 때는 명확히 구체적으로 할 필요가 있다. 사장들의 경우 종종 직원이나 협력자가 제시하는 안이 마음에 안 들기는 하지만 뭔가 다른 것을 구체적으로 요구하기 애매해서 계속 반려만 할 때가 있는데, 가능하다면 그런 태도보다는 명확하게 선을 그어주고 구체적으로 주문하는 것이 바람직하다.

일의 효율을 위해서도 그렇지만 조직을 이끄는 수장으로서 강한 리더십은 구체적인 지시에서 나오기도 한다. '정말 이 사람이 자신이 뭘 원하는지 알기는 알까?'라는 의심을 직원이 하게 되면 그 직원은 곧 사장을 우습게보게 된다. '우리 사장님은 그냥 무조건 세 번은 반려를 해요. 뭐가 또 마음에 안 드시는지 뺑뺑이 돌리는 거죠.'라는 소리를 듣는다면 안 될 것이다.

이때 뒤끝이 있다는 의심을 받아서도 안 된다. 우선 분명한 기준에 따라 상대가 예상 가능하게 하는 것이 중요하고, 그것에 따라 처벌도 명확해야 한다.

일하다 보면 서로 뒤틀릴 수도 있고 본의 아니게 화를 심하게 낼 수도 있다. 그것을 푸는 것도 빨라야 쓸데없는 감정 소모도 없겠지만, 뒤끝이 없는 것도 중요하다.

화를 내는 건 그것으로 상대에게 자극을 주고, 다시금 재정비할 역동적 동기를 부여하기 위한 것이다. 그 사람을 싫어한다는 표현이 되어선 안 된다. 일단 인간인지라 그것이 그 사람을 싫어하는 표현이 되었다면 되도록 빨리 풀고, 뒤끝이 없도록 노력해야 한다. 뒤끝이 오래 가면 직원들도 눈치 챈다. 사장의 권위가 떨어지는 지점이다. '꽁 한' 사장이 되어버리면 일단 인간적인 면에서 직원이나 협력자에게 가벼운 사람 취급을 받을 수 있다.

"괜찮다"고 해도 직원들은 사장의 말을 액면 그대로 받아들이지 않는다. 그러니 스스로 뒤끝이 없다는 것, 화를 내더라도 빨리 푼다는 것을 직원도 알아챌 수 있는 비교적 선명한 방식을 개발하는 것도 좋다. 같이 그날 술을 마시는 방법이 있을 수도 있고, 아메리카노 한 잔을 책상에 놓아줄 수도 있으며, 따로 사장실로 불러 다른 칭찬을 해줄 수도 있다.

그런가 하면 가끔은 평소보다 더 냉철하게 업무의 문제를 지적해보는 것도 나쁘진 않다. 안 좋은 상황에서 직원이 대처하는 방식도 알아챌 수 있기 때문이다. 다만 부정적인 대처는 서로의 눈에 보이지 않는 앙금을 남길 수 있으므로, 일부러 남발할 필요는 없겠다.

또 화를 내거나 뒤끝을 보이는 부득이한 상황이 있더라도 되도록 개인 간에서만 알아챌 수 있도록 하는 것도 중요하다.

러시아 격언에 "큰 소리로 칭찬하고 작은 소리로 비난하라"는 말이 있다. 특히 상사를 그의 직원 앞에서 망신을 주는 것은 반드시 피해야 한다. 그의 권위를 실추시키면 원망이 쌓이게 되고 그만큼 사장의 리더십 역시 약화된다.

반면 칭찬은 공개적으로 자주 해주어도 좋다. 또한 칭찬에는 뒤끝, 즉 칭찬의 그림자가 길어도 좋다. 단, 다른 사람들이 기분 상할 수 있는 '비교하는 칭찬'만 조심하면 된다. 비교는 수세적으로 당하는 입장에서는 '빅욕'이 될 수 있다.

우리가 '엄친아'를 싫어하는 이유도 그것 때문일 것이다. "아이고, 너는 그 아이 반만 닮아봐라"라고 엄마가 혀를 끌끌 차면, "엄마도 걔네 엄마 반만 닮아봐"라면서 예민한 고등학생이 방문을 걸어 잠그게 된다. 졸지에 칭찬 받은 '그 아이'야 칭찬이 나쁘지 않겠지만 결과적으로 그를 미워하는 이들도 늘어만 간다.

그러니 화를 내면 뒤끝이 없어야 하고, 칭찬을 할 때엔 비교하지 말아야 한다.

사업하다 보면 아무리 우리끼리 북적거려봐야 열쇠는 다른 곳에서 쥐고 있는 경우가 있다. 특히 작은 기업이라면 갑보다는 을의 위치에서 무언가를 부탁해야 하는 입장이 된다. 그래서 사장은 제1의 영업맨, 영업슈퍼맨이라는 말이 있다. 가만히 앉아있으면 일이 생기지 않는다. 매일 지갑만 열면 지폐가 있듯, 사장실에 들어와 의자에 앉으면 저절로 전화가 막 와서 계약도 되고 그런다면 좋겠지만 그건 그냥 사장의 몽상일 뿐이다.

사장은 직원보다 더 많이 현장으로 나갈 수밖에 없다. 그래서 사람 만나는 것을 선천적으로 싫어한다면 사장을 해서는 안 된다고까지 언급했다. 부지런해야 한다. 내 경우에는 사회 초년병 때부터 이 분야에 대해서만큼은 버릇이 잘 들었다. 일요일까지 반납하고 일하는 습관에 젖어 있었다. 매일 방문할 거래처를 메모해두고, 만날 사람과의 대화 소재도 점검하곤 했다. 365일 내내 쉬는 날이 거의 없었다.

창업한 뒤에도 누구를 만날지 항상 고민했다. 단 한 시간도 허투루 쓰지 않기 위해, 업무를 정확하고 신속하게 처리하기 위해 꼼꼼하게 시간을 체크했다.

만약 빈 시간이 보이면 되도록 외부 일정을 잡았다. 빈 시간이 없는 사장이 되기 위해 노력했다. 자칫 늘어질 수 있는 것을 매순간 이렇게 점검했다. 연초, 월초에는 계획을 세우고, 세부 일정을 꼼꼼하게 확인했다. 1년 일정표를 완성하면 남보다 1년 앞서 사는 것이라고 여겼다.

나는 책상 앞의 업무용 캘린더도, 스마트폰 안의 작은 일정표도 무척 아낀다. 직원도 그래야겠지만, 사장이라면 더더욱 그래야 했다. 내가 방향을 잃거나 게을러지면 회사 전체가 알게 모르게 활력을 잃는다. 사장이 일을 찾아 줄기차게 떠나는 '스케줄 남자'로 남아야만 사장이 제몫을 다하는 것이라는 믿음은 지금도 변하지 않았다.

이처럼 사장은 매일 외부 일정이 있어야 한다. 사람을 자주 만나야 트렌드를 파악할 수 있다. 비즈니스 최전선에서 변화를 재빨리 직감하고 신속하게 알맞은 결정을 해내려면 역시 사람을 많이 만나는 수밖에 없다. 일은 의외의 곳에 있다. 그러니 당장 계약과 관련되지 않더라도 지인부터 사업 파트너까지 다양하게 꾸준히 만나는 것이 좋다.

그런데 사장이 그냥 무작정 나갈 수도 없다. 기존 업체를 방문할 수도 있을 것이고, 안면이 있는 다른 사장을 만날 수도 있을 것이나 어쨌든 행선지를 정해야 한다. 학습지 판매원처럼 무작정 밖으로 나서서 일정 지역의 아파트를 돌면서 초인종을 누르던 시대는 지났다. 하물며 사장이라면 헛도는 일을 최대한 줄여야 한다. 직원들이 결재해달라고 하는 서류도 많은데 사장이 아무 목적 없이 사장실만 비우고 있다면 안에서도 밖에서도 일이 정체되어 문제가 생긴다.

사실 사장 자신이 먼저 나설 필요도 없다. 다만 직원을 시키더라도 '어디 가서 누구를 만나보라고' 분명하게 지시를 내릴 수 있어야 한다.

결국 사장이 나가려면 우선 자신이 무엇을 원하는지 알아야 한다. 그에 따라 여러 후보 대상이 나올 것이다. 이것들을 냉철히 분석해서 과연 객관적으로 사업 타당성이 있는지 점검해야 한다. 또한 그걸 해줄 수 있는 기업체나 인물 후보를 검색해 대상을 알아야 한다. 사장은 여기까지 알고 직원에게 지시할 수도 있고, 아니면 원하는 것만 말한 뒤 알아서 준비해오라고 할 수도 있다. 어쨌든 이 과정을 거쳐야 하고, 그런 뒤 직원이나 사장이 그에게 다가서서 어떻게 효과적으로 마음을 얻을 수 있을지 진지하게 생각해야 한다.

대개 작은 사업체에서는 사장이 직접 나서서 그곳을 방문할 수도 있다. 격식을 차린다면 먼저 직원이 가능성을 타진한 뒤 미팅 날짜를 잡을 수도 있지만, 열혈 사장의 경우 직접 연락해서 상대에게 적극성을 보여주기도 한다.

상대의 성향에 따라서 인간적인 면모를 강조할지, 냉철하고 합리적인 면을 강조할지 정해질 수 있지만 내 경우에는 주로 인간적으로 다가서려고 한다. 결국 사람끼리 사업하고 장사하는 것이다. 그렇기에 인간적으로 다가서면 통한다고 생각한다. 비즈니스 용어도 되도록 삼가면서 인생 파트너를 만나는 기분이 들도록 배려한다.

밖에서 만나는 것이 아니라 되도록 집이나 회사로 초대하거나 찾아가는데, 이 역시 서로의 진짜 환경을 공유하고 싶기 때문이다.

그렇다.

일단 직접 만나야 한다. 직원이 먼저 만났든 사장이 직접 연락해서 약속을 잡고 집으로 초대했든, 상대를 만나야 대화가 진척될 수 있다. 온라인으로 해외 구매를 하는 1인 사업의 경우 거래하는 협력자를 제대로 보지 못하는 경우도 많은데, 가능한 한 상대의 얼굴을 보고 인간적으로 교류해야 그 관계도 오래 지속된다고 믿는다.

그러니 직접 만나고 성심껏 만나야 한다. 사장이 직접 만나서 이야기하는 것과 그렇지 않은 것은 성과가 다르다. 물론 모든 경우 그러기는 어렵지만 되도록 중요한 자리에 나가려고 노력한다. 그렇게 친분을 쌓다 보면 뜻하지 않게 여러 인맥이 연결되어 새로운 일이 생기기도 한다.

처음에는 구상하지도 않았던 새로운 프로젝트가 수면 위로 떠오를 때는 희열을 느낄 것이다.

일단 만나서 대화를 충분히 했다면, 이제 상대가 결정할 때까지 차분히 기다려라. 한 번에 원했던 것을 얻어내면 좋겠지만 사업하다 보면 넉넉한 마음으로 기다려야 할 때도 많다. 당장 무언가를 얻으려고 억지로 밀어붙이다가는 역작용이 난다. 상대가 스스로 마음을 열 때까지 다만 옆에 있어주자. 그 역할을 직원에게 맡기고 상황을 지켜보아야 할 것이다. 그리고 중요한 시기마다 사장이 직접 챙기는 것도 중요하다. 신뢰를 쌓고 인내하는 것이 초점이다.

때로는 그가 하는 일을 도와주어야 할 때도 있다. 한 축구 에이전트는 선수를 스카우트하기 위해 만나려 했지만 도무지 만나지 못해 결국 부모님을 찾아갔다. 그리고 엉겁결에 거기서 농사일을 도왔다고 한다. 결국 그는 선수를 만나 일을 성사할 수 있었다. 책 앞부분에서 말한 내 경험만 봐도 을지로 타일 가게 사장님들을 설득하기 위해 6개월 넘게 버텼다. 이때 억지로 밀어붙이지 않고, 다만 옆에 있었을 뿐이다. 필요할 때 찾기 쉽도록.

사실 이럴 때는 머리로 계산하는 것보다는 발로 직접 움직이는 게 낫다. 머리로 계산하면 안 될 일도 직접 발로 뛰어 얼굴을 보고 말하면 의외로 쉽게 풀린다. 이렇게 쉽게 풀릴 일을 뭐하러 이리 걱정했을까 웃음이 나올 때도 있다.

그렇게 인연이 한번 이어진다면 그는 이제 우리의 협력자가 된다. 사장은 그들과 '상생공존'해야 한다. 한 번 맺어진 인연은 매우 소중한 것이다. 전생에 삼천 번을 만나야 이생에서 옷깃 한 번 스친다고 한다. 그런데 계약하기까지 숱하게 만났다면 진중하게 이어가야 할 인연인 셈이다.

직원이 주인 의식을 지녀야 회사가 산다

회사에서 중요한 일을 해내면 사장이 세상의 주목을 받게 되고 존경의 대상이 되지만, 결국 직원이 있어야 사장도 회사의 대표다울 수 있다. 또한 직원들의 노고가 있기에 지금의 명성이 가능해진 것이다. 그래서 사장의 입장에서 직원들에게 월급을 주는 기쁨은 매우 크다. 오래 전 내가 월급쟁이였을 때 월급을 받던 것보다 사장으로서 월급을 주는 것이 더욱 기쁘다.

특히 작은 기업에서는 직원들에게 공을 들여야 한다. 근무 환경, 처우, 임금 등 회사 형편 내에서 그들에게 이익이 돌아가도록 사장으로서는 고민해야 한다. 그들은 작은 기업과 운명을 함께하기로 다짐한 '전우' 이기 때문이다.

불황에는 남아도는 게 인력이라면서 직원 알기를 우습게 아는 사장들도 종종 봤지만 절대로 그래서는 안 된다. 요즘 청년실업이 심각한 사회 문제인 만큼 언제든 인력을 충원할 것 같지만, 정작 회사와 딱 맞는 제대로 된 인재를 구하기란 그리 쉽지 않다. 또 그런 인력을 키워내서 베테랑으로 성장하려면 회사에서도 꾸준히 투자해야 한다.

직원도 마찬가지다.

작은 기업이라고 우습게 여기고 대충 경력만 쌓다가 다른 기업으로 옮길 생각을 해서는 안 된다. 제대로 실력을 키워야 몸값을 높여서 다른 기업으로 스카우트될 수도 있고, 사장을 할 수도 있는 것이다. 나는 그런 당찬 직원을 원한다.

:: 좋은 직원을 떡잎부터 알아보자

그렇기에 처음부터 직원을 뽑는 일에 공을 들인다. 그냥 취직해야 했기에 취직하는 지원자를 원하지 않는다. 특히 우리 회사는 고급한 창의적 두뇌를 원한다. 직원 하나하나 스스로에게 자부심을 지니길 원하는 진정한 프로 지망생을 뽑으려 한다. 회사 업무상 그럴 수밖에 없다. 명품을 생산하려는 기업으로서 '대충주의'는 용납할 수 없다.

신입사원 면접을 볼 때 사장 면접 시간을 길게 할애하거나, 수습사원으로서 며칠 동안 회사 체험을 하게 한 뒤 다시 장시간 면접을 보기도 한다. 그때 우리 회사에서 일하는 것이 어떻게 어려운지 숨기지 않고 다 말해준다.

월급은 그리 많이 주지 못할 것이고, 일은 상대적으로 고될 것이라며 약간의 겁도 준다. 만일 여러 조건이 맞지 않는다면 지금 그만두어도 괜찮다고 말해주면 대개 신입사원은 갈등하곤 한다. 그 결과 많은 이들이 시작하기 전에 스스로 그만둔다. 그가 꿈꾸던 환경이 아니기 때문이다.

그런데 그런 소리를 듣고도 남는 이들이 있다. 나는 그들을 데리고 끝까지 가려고 한다. 그가 먼저 사정이 생기거나 스스로 독립하여 사장이 되려고 하지 않는다면 그들과 함께 끝까지

가고 싶다. 함께 고생한 것은 그 무엇과도 바꿀 수 없다.

작은 기업에서라면 그쯤 각오하는 직원을 뽑아야지만 실속 있다. 만날 직장을 바꾸어 다니는 일들은 아무리 실력이 있어도 본인에게 좋지 않다. 경력에도 좋지 않을뿐더러, 자칫 습관이 될 수 있으니 자제할 필요가 있다. 어떤 분야에서 베테랑이 되는 데는 실력도 중요하지만 끈기와 집중력이 언젠가 실력으로 전환되기도 한다. 한 곳에 오래 머무르며 그 노하우를 다 흡수한 경력자는 결코 무시하지 못한다. 아무리 허술해보여도 뭔가 대단한 면을 감추고 있는 사람이다.

그런 직원을 많이 보유하는 회사가 되어야 한다. 그러려면 직원들을 소중히 여겨야 하는 것은 당연하다.

어떤 분들은 일하려는 지원자를 내치지 말고 모두에게 기회를 주라고 하는데, 그 역시 틀린 말은 아니지만, 끈기와 집중력이 있는 사람을 가려내려면 조금 더 까다롭게 골라도 괜찮다.

작은 기업이라고 일할 사람이 없을까 봐 무조건 조건만 맞으면 뽑으려는 것은 위험하다. 자부심을 지녀야 한다. 믿는 구석이 있다면 지원자도 까다롭게 고를 수 있다.

그들을 충분히 대우해주고 끝까지 함께 가려고 하면 그 직원의 내공이 곧 회사의 내공이 될 것이다.

:: 직원들의 꿈을 온전히 회사에 배팅할 수 있게 하라

직원은 회사의 작은 사장이라는 것이 단순히 구호가 되지 않아야 한다. 자기주도적인 직원이 많아야 한다. 그래야 아이디어와 업무 추진력이 생동한다. 직원은 생동하는 팔로우십으로 상사를 지원할 수 있고, 상사 역시 감각적인 리더십으로 일의 성과를 더욱 끌어올릴 수 있다.

모든 사장의 꿈이긴 하다. 그만큼 강조되지만 그리 쉽지는 않다. 직원들은 어쩔 수 없이 수동적인 경우가 많은데, 과제를 주고 성과급을 주는 방식도 하나의 방법이 될 수 있다. 혹은 자꾸만 그들에게 권한을 부여하여 스스로 결정하게 하는 습관을 기르도록 유도할 수도 있다. 큰 비전을 제시해줄 수도 있다. 사장 지망생으로 만드는 것이다. 어차피 언젠가 자립을 도모해야 한다. 그러한 훈련을 우리 회사에서 하고 있다는 점을 일깨워주는 것이다.

나 역시 사장 경력 30년이 넘은 지금도 늘 나를 바쁘게 하고, 회사에 없는 것을 만들어 내는 것에 욕심이 많다. 남들이 하기 싫어하는 일, '해보지도 않고 어려울 것'이라고 예단하는 일을 주로 해보고 싶다. 그것이 나의 비전이라 생각하기 때문이다.

사장의 아이디어는 생동하고 질기다. 그것을 실현하기 위해 어떤 식으로든 방법을 강구하게 된다. 이러한 사장 지망생들이 많으면 회사는 온통 훈련장이 된다. 다만 이런 직원을 찾기란 정말이지 어렵다. 마음으로는 사장이고 싶어 하지만 자질 면에서는 아주 많이 노력해야 하는 경우가 많다.

회사에 그런 인재가 필요하기에 사장은 직원들에게 그러한 점을 각인시킬 필요가 있다.

일본의 컨설턴트 고바야시 마사히로는 "사람을 잘 활용하는 회사가 급성장한다"고 했다. 회사가 침체되는 것도 사람을 잘 활용하지 못하기 때문이다. 있는 인원을 잘 활용하기 위해서는 소수 정예인력으로 만드는 것이 가장 효율적이다.

내 경우엔 특히 학력이 짧은 사람들, 나이가 어린 사람들을 더 챙겨준다. 가까이에서 멘토가 되어 그들이 잘 적응할 수 있도록 챙기는 편이다. 이미 검증된 베테랑 직원들도 챙겨주긴 하지만 모두를 정예화하려고 신입사원에게 신경을 더 쓴다.

나는 항상 누구든지 잘할 수 있을 거라는 믿음이 있다. 설령 청소년 시절을 제대로 보내지 못했더라도 사회 나와서 노력하면 언제든 잘할 수 있다고 생각한다. 좋은 학교 안 나와도 된다. 그 사람들을 관심 있게 챙겨주면 나이 어린 사회 초년생들이 편견 없이 일을 잘 배우고 회사가 원하는 인재로 성장할 것이라고 믿는다.

회사가 내실이 있으려면 직원들이 수준 높아야 한다. 우리 회사의 경우엔 디자인 기술력이 중요한 회사다. 그래서 나는 관련 직원들이 모두 최고의 디자이너가 되길 원한다. 또 최고의 욕실제품 개발자가 되길 원한다. 직원 역량의 성장은 웬만한 돈으로는 살 수 없는 회사의 큰 자산이 될 것이다.

문제는 주인 의식을 심어주기 위해서는 단순히 적응하는 것 이상의 비전을 그들의 가슴에 심어주어야 한다는 것이다. 그들의 꿈을 들을 수 있을 만큼 가까워지는 것도 중요하다. 그들의 인생을 회사에 걸 수 있도록 믿음을 주어야 한다.

회사에서는 직원의 미래를 설계해야 한다. 직원의 미래를 구체적으로 보여주는 회사에서는 그들의 충성도를 선물로 받는다. 직원의 자기계발을 위해 같이 고민해주고 더 나은 삶을 함께 설계해주는 것만큼 멋진 회사는 없다.

작은 기업에서 이것을 제대로 실천하기란 쉽지 않다. 현실적으로 여러 제약이 있기 때문이다. 솔직히 직원의 미래를 디자인하는 방법은 여러 가지가 있을 것이다. 프랜차이즈 체인점이 많다면 체인점 사장으로 독립할 수 있게끔 도와줄 수 있다. 또 직원 복지를 튼튼하게 하는 방향으로 회사 정책을 정교화할 수 있다.

그런가 하면 다양한 직무 프로그램을 교육받을 수 있게 하여 꾸준히 그들의 실력을 향상시켜주는 방법도 있다. 직원들이 자기 분야의 최고 인재가 되도록 미래를 설계해주는 것이다.

그러한 인재들이 더 높은 몸값을 받고 다른 회사에 간다고 하면 환영하고 싶다. 우리가 육성한 인재들이 업계의 표준이 되는 일이기 때문이다. 그만큼 우리의 위상이 객관적으로 입증되는 셈이다.

그들의 발목을 잡는 것이 아니라 선명한 비전으로 그들이 오랫동안 회사에 공헌했을 때 얻을 수 있는 값진 보상이 무엇인지 제시해준다면, 직원들 역시 스스로를 회사에 헌신적으로 투자할 것이다.

신나게 돈 버는 청년 사장학 입문서!

3부
사장은
항상 꿈을 꾼다

건강한 기업인이 되기 위하여

3부를 생각할 수준의 사장이라면 누가 봐도 안정된 기업을 이끌고 있을 것이다. 사장으로서 작은 기업을 성공적으로 이끄는 때가 되면 진정한 사장이 되기 위한 의미 있는 질문을 던질 수 있다. "당신은 무엇으로 사업을 해오고 있고, 왜 사업을 하고 있습니까?"

처음의 사장 지망생이라면 '돈을 벌기 위해 사장이 되고 싶다'고 말했을 것이다. 그러나 이미 창업을 하고 단단하게 실전 경험을 하면서 노련한 사장이 되어 있는 독자에게 위의 질문은 한 번 더 꿈을 확인하는 과정이 될 것이다.

만일 그냥 돈만 벌고 싶었다면 이미 성공했고 완성됐다. 사실 돈을 버는 것이 세상에서 말하는 성공의 잣대일 때가 많다. 돈이 원수이면서 은인인 셈이다. 그래서 돈이 많은 것이 적은 것보다는 훨씬 좋다. 돈이 많아야 정신적으로 건강해진다.

돈이 없으면 몸으로 때워야 하지만, 돈이 많으면 돈으로 어려운 일을 대신하고 더 나은 일을 위해 노력할 여력이 생긴다. 조금 치사한 것 같지만 자본주의에서 돈이란 실로 대단하다. 나 역시 돈을 많이 벌었다고 하지만, 더 많은 돈을 가진 이들 앞에서는 기가 살짝 죽곤 한다.

이처럼 돈은 여전히 중요하지만, 돈만 가지고 부족한 경우도 있다.

제1의 목표이면서 반드시 삶을 완성해주는 절대적 열쇠는 아닌 셈이다. 만일 돈을 충분히 벌다 보니 문득 다른 꿈이 생겼고, 새롭게 할 일을 알게 되었다면 위 질문이 의미 있을 것이다.

적어도 내 경우엔 그랬다. 처음에 사업할 생각이 뚜렷하지 않았고 우연히 사장이 되어 성공가도를 달렸지만, 그럴수록 '돈 버는 것'만이 사장의 모든 목표일 수 있을까 하는 생각이 들었다.

:: 이윤 창출이라는 목표에서 하나를 보태라

'돈 버는 것.'

이것이 기업의 최우선적인 목표라는 것에는 변함없다. 그 본연의 임무는 항상 명심해야 한다. 나 혼자 잘 살자는 의미가 아니다. 사실 나 혼자 잘살려고 한다면 적당히 돈 벌었을 때 돈을 빼서 안전하게 돈 벌 수 있는 방법을 강구해도 된다. 작은 기업이라면 그 가치를 한껏 높인 뒤 더 큰 기업에 비싸게 팔아넘기는 것도 하나의 방법이 될 수 있다.

하지만 사장을 하려면 그 이상의 의미도 생각해야 한다. 기업에서 돈을 버는 것은 우선 나와 우리 직원들이 함께 잘살기 위한 것이다. 거기에 하나를 더 보태면 좋다. 간단히 말해서 '사회적 기여'가 그것이다.

요즘 기업들은 사회적 기부나 다양한 봉사 활동 등 사회적으로 함께 살아가려는 모습을 보여주곤 한다. 기업인도 사회인이기 때문이다. 더 많이 번 사람이 조금씩 나누어 주는 것은 그것을 통해 기업의 인지도를 높이자는 홍보성 행위보다도 더 근원적이라고 생각한다.

사람이 한 나라의 국민으로 태어났으면 그 나라에 도움을 주어야 한다고 생각한다. 애국자가 되는 것은 그리 어려운 것이 아니다. 그렇기에 우선 기업의 생존이 중요하지만 그것을 넘어섰을 때는 국민과 함께 공존하는 방법도 모색해야 할 의무가 있다.

장사꾼이라면 혼자 잘 먹고 잘살기 위해 이기적으로 굴 수도 있지만 큰 장사꾼인 기업가라고 스스로를 생각한다면 반드시 '사회적 기여'를 생각해야 한다.

물론 기업의 일 자체에 더욱 매진해서 국가와 산업 분야에 공헌하는 것도 의미 있다.

기부의 경우에는 한계가 있을 수밖에 없다. 특히 작은 기업이라면 신중히 검토해야 할 문제다. 현실적으로 기업이 감당할 범위 내에서만 기부할 수 있을 것이다. 또한 기업의 입장에서 온전히 순수하게 기부하는 것도 쉽지는 않다. 대개는 어떤 식으로든 회사를 홍보하려는 부차적인 목적이 끼어들게 된다.

진정한 의미의 순수한 기부는 한두 번쯤 사장의 역량으로 결정할 수 있지만 상시적이긴 어렵다. 만일 그런 식의 기부를 지속하려고 해도 직원들을 무시할 수 없다. 결국 함께하는 것인데 작은 기업의 역량을 넘은 봉사와 지원은 함부로 결정할 사안이 아니다.

반면 기업 일에 몰입하고 온 힘을 쏟아서 국가에 기여하는 일은 기부와 달리 한계가 없다. 열심히 하면 할수록 기업의 목적도 실현하고 국가와 산업 전반에 이득이 된다.

여기서 중요한 것은 기업이 단순히 이익을 창출하는 데만 몰두하는 집단만은 아니라는 점이다. 그 점을 명심할 때 드디어 평범한 사장의 눈에 새로운 세계가 펼쳐지게 된다.

:: 기부금과 진심을 하나로 통하게 하라

일반인 역시 개인의 차원에서 국가에 의미 있는 일을 할 수 있겠지만, 기업에서는 사람들이 기업에 바라는 방식으로 도와주어야 한다. 즉 기부 활동이든 비전의 성취든 물질적이고 구체적이어야 할 것이다. 기부 활동 중에서는 단순히 돈을 주는 것부터 봉사 활동 혹은 장학기금 조성이나 학교의 설립 등 선명히 도와줄 수 있는 것이어야 한다.

그것은 개개인이 하기 어려운 것으로 바로 우리의 많은 기업들이 해줄 수 있는 일이다. 대기업은 대기업이 할 수 있는 일을 하고 작은 기업은 그 능력 범위 안에서 가능한 일을 하면 된다. 그것이 '물질적이어야 한다'는 것이 공통점일 뿐이다.

당연히 물질에 진심을 담아야겠지만 그러한 마음만큼이나 직접적인 물질 지원이 중요할 때가 있다. 아프리카의 빈민들이 재해를 만나 죽어가고 있을 때 수많은 마음이 모이는 것만큼이나 기업이 물질적으로 도움을 줄 필요가 있다. 실질적인 물적 지원에 돈이 많이 들어가는 분야일수록 기업의 역할이 더욱 중요해진다.

솔직히 기업의 입장에서는 여러 분야에서 지원 요청을 받기 마련이고, 그 모든 분야에 대해 세세한 것을 잘 알지도 못할 때가 많다. 간단한 서류를 보고 내용을 알더라도 그것을 향한 절실한 안타까움이 없을지도 모른다.

하지만 사회봉사자들의 절실한 마음을 현실로 만들 힘이 기업에 있다. 그래서 깊이 공감하는 경우에는 봉사자들의 바람이 현실로 이루어질 수 있도록 지원하기도 했다.

말로만 하는 것이 기업에게는 허용되지 않는다. 그것이 기업의 책무라고도 느낀다. 사람들의 깊은 마음을 현실적으로 보여 줄 수 있게 하는 것. 그것은 국가가 해야 할 일이기도 하지만, 유감스럽게도 모든 곳에 그럴 수는 없다. 결국 기업이 그 짐을 나누어지게 된다. 그때 이 사회가 잔혹한 경쟁으로만 가득한 사회가 아니라, 상생공존의 미덕이 지켜진다는 것을 느끼게 된다.

이러한 생각에 공감하지 않는 사장도 있을 것이다. 아직 살기도 어려운데 그럴 여유가 없다고도 할 것이다. 실제로 영세하여 앞가림하기도 버거운 상황이라면 '돈을 버는' 첫 번째 목표를 이루지 못한 상태이므로 어쩔 수 없다.

그런가 하면 기부를 하되 기업에 이득이 되는 방향을 염두에 둘 수도 있다. 기업은 영리 단체다. 그러므로 손해 보는 행위를 하기는 어려운 것이다. 결국 기부할 때 기업의 홍보 효과를 계산해서 투자하는 개념으로 지원을 결정할 수 있다.

또는 장기적으로 기업에도 이득이 될 것이라고 여기고, 좀 더 배포 있게 사회에 기여하는 경우가 있을 것이다. 재단을 설립하고 본격적으로 사회의 그늘을 걷어내려는 사회사업가나 뜻있는 기업인들이 이러한 행위를 하며, 가급적 이러한 유형이 많아야 할 것이다.

마지막으로 순수한 목적에서 사회적 기여를 하는 유형을 생각할 수 있다. 이들은 궁극적으로 나라를 위하거나 올바른 사회인이 되기 위해서 그저 기여해야 한다고 믿는다. 기업의 이득을 전혀 계산하지 않고 진정으로 기업의 이익을 사회로 환원해야 한다는 것이다. 큰 기업인이 되기 위하여 한번쯤 생각해 볼 만하다.

:: 현지에서 번 돈을 현지에 환원하라

그런데 간혹 "만일 해외에서 번 돈을 그곳에 기부하는 것은 어떻게 생각하시나요?"라고 묻는 분들이 있다. 외국에서 번 돈을 한국으로 가져와야 애국이 아닌지 묻는 듯했다. 나는 "중국에서 번 돈은 중국에 환원할 것"이라고 생각했기에 그 말을 쉬이 넘기지 못했다.

그리고 그 질문의 본뜻도 웬만큼 헤아린다. 오래 전 국산품 애용을 하자는 캠페인도 그런 이유에서 시작되었다. 아직도 어르신들 중에는 외국 담배를 피우면 못마땅한 시선으로 쳐다보는 경우도 종종 있다. 그러니 국내에서 번 돈을 해외에 나가 도박으로 날리는 몇몇 유명인의 죄를 심각히 여긴다. 해외에서 번 돈을 국내에 들여오지 않는 것 역시 비슷한 선상에서 보는 것 같다.

하지만 개인적으로 그런 생각에 온전히 동의하지는 않는다. 좀 더 큰 차원에서 이 문제를 바라보아야 할 것이다. 지금은 글로벌 시대다. 거기서 더 나아가 글로컬라이제이션(세방화)의 시대라고도 한다. 즉 세계화된 기업이지만 각 현지의 문화와 정서에 맞게 철저하게 현지화된 기업이 되어야 한다는 의미다.

현지화는 기업의 세계 전략에서 떼어놓을 수 없는 중요한 지침이 된다. 그 사회의 진정한 일원이 되어서 그들 사회의 기업으로서 기여해야 하는 것이다. 그래야만 경쟁력을 지닌 채 글로벌 경쟁에서 살아남을 수 있다.

이처럼 현지화된 한국 기업이 있다면 그 기업은 현지의 기업이면서 동시에 한국 기업이다. 사실 이것은 2003년에 한창 중국에 본격 진출할 때도 했었던 고민이다.

그때 나는 두 가지를 염두에 두었다. 하나는 중국에서 사는 80만 재중한인이 중국사회에서 당당하게 사는 데 조금이라도 도움이 되길 바라는 것이요, 다른 하나는 중국의 낙후된 화장실 문화를 끌어올려 우리 인터바스의 인지도와 위상을 높이고 동시에 대한민국의 이미지 향상에 기여하는 것이었다.

이를 위해 두 가지의 행동을 하였는데, 하나는 기부와 봉사 활동이었다. 그래서 나는 상해의 재중한인들과 상인들에게 도움을 주기 위해 상해한국상회(한인회) 회장을 맡고 지역에서 한인이 기여할 입지를 만들려고 노력했다. 또한 지역 한인학교이나 빈곤소수민족 대학생들과 관계하면서 그들이 중국을 위해 기여할 수 있도록 당부하며 관련 장학사업에 관여했다.

거주하고 있는 모든 분들이 중국인들과 좋은 관계를 유지하면서 상생하면서 인기가 높아지길 바랐다. 한국인 하면 중국인이 환영할 수 있기를 바랐다. 이처럼 재중한인들이 중국에 잘 정착하여 지역 사회의 중추로 성장하도록 돕는 것이야말로 모국을 위한 또 다른 애국이라고 여겼다.

그래서 중국에 본격적으로 진출한 지 4년 뒤인 2007년부터 중국 한인사회에 봉사하기 위해 노력했다. 사실 애국이라는 의미를 떠나서도 미래를 짊어질 아이들을 돕는다는 것은 매우 의미 있고 즐거운 일이었다. 나 역시 그러한 일에 동참하고 싶었고, 마침 당시 상하이 한국인학교가 개교한다는 소식을 접한다. 나는 학교 건물이 올라갈 때 화장실 용기와 건축자재 등을 지원했다. 그것은 정말이지 내게는 묘한 느낌을 주었다. 비로소 더불어 산다는 느낌마저 들었다. 아이들에게 꼭 필요한 도움을 주고 나니 그 충만감이 다른 경험과 비교할 수 없이 컸다.

더불어 사는 재미를 느낀 뒤, 더욱 적극적으로 봉사활동을 했다. 이를 위해 상해한국학교 재단 이사장, 상해 한국상회(한국인회) 19~20대 회장직도 맡았다. 상하이의 청소년사랑선도위원회장으로 보람과 기쁨을 얻을 수 있는 봉사활동도 했다.

매주 금요일이면 나를 포함한 13명의 선도위원들이 교민들 몇 명과 한국 청소년들이 많이 모이는 장소에 가서 캠페인을 펼치곤 했다.

아이들의 중국어 학습에 의욕과 동기를 불어넣어주고자 중국어 및 영어 말하기 대회도 개최했다. 또한 청소년을 위한 열린 공간에서 다양한 문화 활동을 주관하면서 지역 사회에 도움이 되고자 노력했다. 그러다 보니 상하이시 공안국출입국사무소 외국인 관리처의 호응을 얻기도 했다.

지금도 우리 아이들이 올바르고, 건강한 모습으로 잘 자랄 수 있도록 기도한다. 상하이에는 우리나라 유학생이 1만 명가량 있다. 한국학교생 1천100여 명, 유치원생 500여 명, 국제학교 학생 2천여 명, 유학생이 6천여 명으로 추산된다.

이 아이들이 글로벌 인재로 성장하길 바란다. 그래서 중국 사회에 기여하고 한인으로서 자부심을 지니고 살 수 있기를 바랄 뿐이다.

타국에서 돈이 떨어진 청소년의 경우 한국에서 있을 때와 달라서, 금세 나쁜 유혹에 빠질 수 있다. 그렇게 되면 본인에게도 큰 상처가 남을 수 있다. 또 그런 경우가 많아지면 한인 사회 전체 평판이 안 좋아질 수 있다. 그러므로 한인 사회가 각 나라에 올바르게 정착하여 진정 모두에게 긍정적이기 위해서라도 더더욱 이들을 위한 지원과 봉사와 관심이 필요했다.

또한 현지화기업으로 우리가 해야 할 또 다른 일은 보여주고 싶은 화장실 문화를 중국에서 보편화하는 것이었다. 우리 인터 바스가 아름다운 화장실 문화를 만들어낸 것에 중추적 역할을 해서 한국기업으로서 중국에 기여하고 싶었다. 중국에서 가장 인기 있는 한국인이 되고 싶었다. 그래서 많은 중국 친구들과 친밀한 관계를 유지하며 상생하는 자세를 지니려고 항상 노력했다. 그러한 친화력 덕분에 그동안 중국 현지에서 단 한 차례의 피해도 입지 않았다.

지금도 나는 중국 현지화 기업으로서 임무를 다하여 중국인의 삶을 윤택하게 하고, 거기서 우리 한인들이 자랑스럽게 여기는 기업으로 자리매김하는 것이야말로 애국이라고 여긴다. 현지화에 충실하면 기업은 그 사회에서 환영받을 것이다. 그만큼 우리 한인들에게 자랑거리가 될 수 있으며, 대한민국의 위상도 높아질 것으로 생각한다. 바로 이것이야말로 작은 기업이 현지화를 하여 생존하면서도 진정으로 모국에도 이바지하는 길이라고 여긴다.

이처럼 작은 기업은 다른 걸 생각하지 말고 그 지역에 녹아들어서 기여하는 것이 급선무다. 외국에서는 국내 시장보다 더 많은 텃세를 이겨내야 한다는 것도 명심해야 한다. 철저하게 그들의 입장에서 다가가야 한다. 현지화된 기업으로서 그 나라나 지역에 의미 있는 일을 하는 것을 기업의 당연한 몫이라고 생각해야 한다.

:: 사장은 얻기 위한 것이 아니라 남기려고 하는 것이다

선도하는 사장이라면 이와 같이 큰 관점에서 세상을 바라봐야 한다. 단지 자기만 돈 벌고 끝나는 것이 아니라, 자신이 몸담았던 분야에 무엇을 기여했는지 생각해보면 앞으로 자신이 해야 할 일이 생길 것이다.

이미 앞에서도 지역 사회와 나라에 기여하기 위해 여러 할 일을 말했다. 동시에 우리가 몸담고 있는 전문 분야에서도 큰

차원에서 생각해야 한다고 했다.

나는 언젠가 욕실학과를 만들려고 한다. 어떤 산업이 발전하려면 다른 요건도 필요하지만, 그 분야에 필요한 인력을 체계적으로 공급할 구조가 확립되어야 한다. 이러한 선순환 구조의 확립을 위해 내가 하고자 하는 일이 욕실학과 신설이다.

대학에서 욕실학과 전공자들이 욕실 제품의 모든 것을 체계적으로 배운 뒤, 그들이 우리 분야에서 기여하는 미래를 꿈꾼다. 사실 그 분야가 크려면 그 분야 인재의 공급이 원활해야 한다. 아무리 열심히 하려고 해도 애초에 지원자들의 기량이 낮으면 이를 일일이 회사에서 다 가르쳐야 하는 시행착오가 반복된다.

문예창작과나 실용음악과처럼 해당 분야에 많은 지원자들이 보다 쉽고 체계적으로 진입하도록 욕실학과의 설립을 계획하고 있다. 그래야 우리 업계도 좋은 인재가 들어오고 그래야 전체 산업 인력의 수준이 높아질 것이다. 자연스럽게 우리 분야의 이미지도 개선될 것으로 본다.

진정한 선배 기업가가 되려면 우리 후배들이 몸담을 분야, 자신이 몸담고 있는 분야가 사회적으로 성장하도록 노력해야 한다. 이런 노력은 자기 기업의 안정화와 지속적인 성장에도 도움이 된다. 그러므로 여러 기업이 힘을 합치거나, 자체적으로라도 인재 양성을 위한 여러 방안을 검토해보아야 한다.

작은 기업에서는 자기계발이 어렵고 여러 교육 프로그램이 미비하다는 의견도 있는데, 인재 양성 인프라를 구축해야만 인재가 오래도록 그 회사 혹은 그 분야에 머물 것이다. 장기적으로 보고 투자해야 빛을 볼 부분이다. 결국 한 분야를 부흥시키려는 작업은 기나긴 시간과 씨름하는 것이겠다.

자기 분야가 괄시받는 것을 좋아할 사람은 없다. 더 많은 우수한 인력이 유입되어 세계의 첨단을 이끌어갈 수준이 된 분야는 무시하지 않는다. 스스로가 한 일을 제대로 평가받기 위해서라도 후배들을 훌륭하게 키워내야 한다.

:: 큰 사업가가 되려면 국가의 백년지대계도 구상하라

그동안 우리 업계는 고학력자가 드물었다. 심지어 예전에는 전문대나 4년제 대학 출신도 드물었다. 고급인력들은 대개 상사맨을 하고 싶어 했고, 지금은 대기업에서 IT 종사자로 일하고 싶어 한다. 그러한 고급 인력이 중요한 것은 아니더라도, 그러한 편중이 하나의 편견을 만들어낸다. 예컨대 IT 하면 세련된 이미지가 있지만 양변기 하면 어쩐지 외면해야 할 물건처럼 여긴다. 매일 사람들은 가장 중요한 순간을 양변기와 함께하지만 어쩐지 외면하곤 한다. 그렇기 때문일까? 양변기를 다루는 기술자 역시 고급 기술자라는 인식에선 제외된다.

이는 잘못된 인식이다. 예를 들어 미국에서 배관공은 억대 연봉을 받는 직종에 속한다. 또한 최근 미국에서는 P-TECH라고 해서 고등학교 4년제와 전문대 2년제 기술 교육을 통합하여 뛰어난 기술인을 양성하려는 대안교육을 실험하고 있다.

독일 등의 유럽에서도 지식인만큼이나 기술자를 진심으로 존중한다. 또 그만한 경제적 대우를 받는다.

독일과 같은 유럽의 선진기술강국에서는 마이스터고에서 배출한 기술자들이 중산층을 이룬다. 대개 중학교 졸업 즈음 자신의 진로를 일차적으로 결정하는데, 이때 기술을 깊이 배울지, 대학 공부를 할지 선택한다. 우리나라와 다른 것은 일반적으로 기술을 공부한다는 것이다. 독일은 대학 등록금이 거의 들지 않아 노력만 한다면 부담 없이 공부할 수 있는 구조이지만, 본인이 꼭 공부할 이유가 없다면 제대로 기술을 배워서 사회인이 되는 것을 선호한다.

반면 한국에서는 대학 진학을 무조건 선호하는 바람에 정작 대학은 간판 따러 가는 곳으로 전락한 감이 있다. 몇몇 좋은 대학을 빼놓고 지나치게 학력 인플레이션이 되었다. 솔직히 생각하기에 실용적인 기술을 더 깊이 가르쳐주는 전문대 위주로 많은 이들이 진학하는 분위기가 자연스러워졌으면 한다.

기술을 체계적으로 배우는 분위기가 대세라면 어떨까? 그러면 우리 청년들의 사회 진출 연령이 낮아지고 그만큼 젊은 친구들의 경제적 자립 가능성도 높아진다. 본인이 배우고 싶다면 더 공부해도 되지만 심리적 장벽 때문에 남들처럼 대학에 진학해야 한다는 것은 낭비다. 그럴 시간에 자기 기술을 익혀서 당당한 사회인이 되는 편이 국가적으로도 낫다.

실제로 공부로 먹고살 만한 사람은 많지 않다. 오히려 많은 이들이 자신의 재능을 외면한 채 취직 때 필요한 대학 간판을 들고 있다. 많은 이들이 진정으로 적성을 찾아가 최고의 역량을 드러낼 수 있는 분위기를 국가적으로 장려해주어야 한다.

이러한 분위기를 만들기 위해서는 우선 '기술 중시의 문화'를 꿈꾼다. 어느 분야 하나 편중 없이 자기 분야에서 최고의 장인이 되면 마땅히 사회적으로 존중받아야 한다. 또한 기술 위주의 경쟁력이 강한 사회는 건강한 체질을 지닌 사회다.

그래서 내 나름대로는 그러한 원대한 꿈의 아주 작은 부분을 실천하고 싶었다. 그것이 바로 욕실학과 설립 계획이다. 그것으로 기술이 중시되는 사회를 꿈꾸는 나의 생각을 조금이나마 실천하려고 한다.

그런가 하면 욕실학과 졸업생들이 우리 분야의 이미지를 개선하는 데도 긍정적인 역할을 할 것이라 말했었다. 이런 면에서는 '화장실 문화 운동' 역시 맥이 통한다. 즉 화장실을 고급스러운 문화 공간, 진정한 자아를 만나는 사적인 공간으로 여기도록 꾸준히 노력하려고 한다. 이에 성공한다면 그러한 제품을 만드는 이들을 진지하게 대접해줄 것으로 여긴다.

또한 화장실 문화를 개선하여 고급스럽게 할 때 위생적인 면이나 예술적인 면에서 우리 국민들의 품격을 높여줄 것이다. 직접적으로 국민의 복지 문화 발전에 기여하는 것이겠다.

이러한 노력은 큰 차원의 목적이다. 그렇기에 눈에 띄는 만족스러운 결과를 당장 받기는 어렵다. 그저 한 명의 사장으로서 내가 생각하는 큰 차원의 기여를 하기 위해 묵묵히 작은 실천을 하고 싶다. 나와 같이 생각하는 사장들의 작은 실천들이 모이고 국민들이 공감해준다면 의미 있는 변화가 생길 것이라고 믿는다.

우리의 브레인이 해외로 나가야 한다

내가 1983년에 스페인 전시회에 출장갈 때만 해도 한국인의 해외 활동은 체감적으로 활발하게 느껴지지 않았다. 로컬 비행기를 타고 있으면 동양인은 나 혼자였다. 거의 대부분이 노랑머리에 파란 눈을 가진 백인이었다. 그러다 보니 동물원 원숭이를 쳐다보듯 서로 구경하기 바빴던 것 같다.

스페인 말을 하는 일부 사람들은 자랑삼아 영어를 하며 내게 '어디서 왔냐'고 물었다. 그때만 해도 일본 전자제품이 전 세계를 장악했던 시절이었으니, 자연스럽게 동양인 하면 일본인부터 떠올리곤 했다. "사우스 코리아(South Korea)"라고 하면 모르는 사람들이 많았다.

그런데 지금은 어떤가? 세계인들이 한국 하면 삼성 스마트폰, 현대자동차, 강남스타일, 김연아, 한일 월드컵과 4강 신화, 불고기, 김치 등 많은 것을 떠올린다.

특히 중국인들의 경우 매일 한국 드라마를 보는 것은 생활의 일부다. TV 드라마를 통해서 한류열풍이 시작되었고 지금도 이어지고 있다.

내가 한국 사람이라고 소개하면 그들의 첫 마디 인사가 "한구어 샤오지에 표우량(한국여성 이뻐요)" 혹은 "한국어 난런 헌쮜이(한국남자 멋져요)"다. 감사한 일이다. 이게 다 한류 열풍 덕분이어서, 한류 열풍을 만들어 주신 모든 분께 일일이 감사의 마음을 전하고 싶을 정도다.

중국의 시장 규모를 고려하면 더더욱 그런 생각이 든다.

한국의 5천 만의 시장과 달리 중국의 13억 내수시장은 실로 어마어마하다. 결국 한국 내 포화 상태를 극복하고 더 저돌적으로 세상에 기여하기 위해서는 중국이나 인도 등지로 가서 사업해야 하는데, 한류 덕분에 심리적 장벽이 낮아진 셈이다.

:: 이제는 외국이 더는 외국이 아니다

그뿐 아니라 세계의 국경은 점점 흐려지고 경제 공동체적인 개념이 자꾸 등장하고 있다. 글로벌 단위의 경제공동체 개념이 주목받는 시대이기도 하다.

열린 브레인이라면 자기의 혁신적 아이디어를 직접 적용할 나라에 가서 승부를 걸어보는 것도 좋다. 우리가 노력하지 않았을 뿐이지 세계와 한국을 이어줄 기발한 틈새는 많다. 그 지역에 한인 상권이 튼튼하면 작은 기업의 사장들이 진출하기 수월해진다.

한인을 대상으로 사업할 수도 있겠지만 이왕 그 나라에 갔다면 그 나라의 기업처럼 그 나라의 내수시장에서 승부를 걸어보는 것이 옳다.

내 경우엔 중국에서 큰 가능성을 보았다. 그래서 중국시장 진출을 위해 중국과 수교 전이었던 1990년 초부터 대만의 바이어와 함께 북경 상해 칭다오 등을 수차례 방문과 함께 전시회에 참가하면서 차분하게 준비했다. 그 결과 2002년 브랜드 마케팅 성공을 위해 중국 상하이에 독자법인을 설립하게 되었다. 시대와 운이 좋은 덕분에 순조로운 항해를 할 수 있었다.

상하이에 정착한 이유는 상하이가 중국 13억의 경제중심지이자 세계 무역중심지가 될 것이라고 생각했기 때문이다. 2000년대 초반 중국에서는 앞으로 해야 할 일들이 선명히 보였다. 그리고 지난 10여 년 동안 상해를 중심으로 중국 전역에 대리점 매장들이 줄줄이 열었다.

자연스럽게 출장을 수시로 다녔다. 그러다 보면 비행기도 많이 탔는데, 비행장에서 내려 시내로 들어가는 양쪽에는 늘 도로를 닦고 다리를 놓고 있었다. 신축 아파트 현장들이 즐비했다.

상상해보라. 우리처럼 자기 집을 소유하려는 욕구가 큰 13억 중국인을 위해 1가구 1주택을 공급하려면 몇 년이 걸릴지 쉽게 상상하기조차 어려웠다. 실제로 중국 국가경제 발전 5개년 계획에 5000만 호 신축아파트가 포함되었다. 이는 곧 우리가 중국에 전력투구만 해도 충분하다는 것을 뜻했다.

그야말로 역동하는 중국이었다. 마치 뛰어난 연극 한 편을 올리기 전에 모두가 합심하여 연극 무대를 준비하는 모습이라고 해야 할까. 그만큼 중국은 기대되고 가슴이 뛰는 거대한 시장이다. 그러다 보니 일본, 동남아, 대만, 중동 등지와도 거래하지만 역시 해외에서 우리의 주력 대상국은 중국이다. 전 세계를 볼 시간조차 나지 않을 만큼 무궁무진한 잠재력이 중국에 있었다.

이제는 제2의 내수시장이라고까지 표현해야 할 정도로 우리 인터바스로서는 중요한 시장이다.

당시 인터바스는 욕실 문화 패러다임을 바꾸면서 국내에서도 2000년 초까지 100개 매장을 열면서 꾸준히 성장하고 있었다. 그러나 나는 그 이상을 목표로 삼고 있었다. 인터바스라는 고급 브랜드로 우리 욕실 문화 개선에 기여하듯, 세계 브랜드와 나란히 경쟁하면서 강소기업으로 우리 회사를 키워내려는 꿈이 있었다. 이를 위해 중국과 같은 거대 시장은 도전해야 할 곳이기도 했다.

우리는 중국 소비자의 눈에 들기 위해 준비했다. 우선 중국의 공공화장실이 낙후되어 있다는 사실에 주목했다. 당시 중국에서는 공공화장실에 칸막이가 없어 대변을 볼 때 밖에서 기다리는 사람과 눈을 마주쳐야 할 불편한 상황이었다.

아직 욕실 문화 패러다임이 정착되지 않았고, 욕실도 디자인한다고 여기는 사람이 많지 않았다. 특히 양변기를 예쁘게 만든다는 것은 당시로써는 파격적이었다. 중국의 상류층이라면 질 좋은 제품에 돈을 아끼지 않고 투자할 것으로 판단했다. 결국 인터바스가 정공법으로 오로지 차별화된 디자인과 제품력으로 승부를 건다면, 아무리 비싸도 선택받을 것으로 보았다. 양보다 질을 선택한 셈이다.

그래서 우리는 한국에서도 성공적인 반응을 얻었던 데코레이션 욕실세트를 선보이기로 하고, 상하이 중심 시내의 유명 백화점에 입점한다. 소비자 가격은 고급 디자인과 브랜드 가치에 걸맞게 책정하려고 했다. 그저 제품의 가치만을 생각하다 보면 결국 소비자도 알아줄 것이란 믿음이 있었다. 그리고 이러한 고가 전략은 인터바스라는 제품에 대한 신뢰와 자부심을 표현한 것이었다. 이 자신감 덕분에 우리 제품을 더 많이 보여주는 것이 좋다고 판단하고, 중국의 여러 박람회에 활발히 참여하는 것으로 마케팅 방향을 잡았다.

간단히 말해 '보여주고 싶은 욕실 interbath!'였다. 박람회를 통해 우리 브랜드는 전 중국 각 도시에 알릴 수 있었다. 상담을 원하는 유통업체 관계자 덕분에 앉을 자리가 부족했고, 엄청난 카메라 세례도 받았다. 상담은 저녁 시간 이후에도 호텔에서 연장하여 진행해야 했다. 욕실용품 디자인이 마치 명품 여성복 같다고 했다. 강렬한 눈도장을 받은 셈이다.

2003년, 중국 상하이에 인터바스 상하이를 설립하고 공장을 지었다. 또한 같은 해 상하이 시내중심 강후이광창(港匯廣場)에 단독 브랜드 직영점을 열고는 2년에 걸쳐 베이징(北京), 난징(南京), 칭다오(靑島) 등 70여 곳에 인터바스 전시장을 열었다. 반응이 좋았다. 커피 잔 디자인으로 알려지면서 중국인들에게 '인터바스 제품은 한구어 쬐까오당 핑파이(한국 최고가 브랜드)'로 기억되었다. 그 덕분에 공휴일도 없이 야간연장 생산을 해야만 했다.

인터바스 모방 제품까지 출시될 만큼 우리 제품에 대한 인지도가 높고 이미지가 좋았다. 나는 모방을 견제하지 않았다. 오히려 우리 제품을 예쁘게 여기고 모방하는 것에 감사할 일이라고 생각했다. 모방 제품이 많아질수록 우리의 인지도 더욱 올라갈 것으로 생각했다. 그것은 우리 제품이 업계의 표준이 되고 있다는 의미였다.

더구나 인터바스 디자인팀의 노하우를 믿었다. 누가 우리 제품을 모방하면 우리는 또 개발하면 되었다. 누구도 흉내 낼 수 없는 디자인을 개발하기 위해 한시도 낭비하지 않았다. 누군가 우리를 모방할수록 우리는 끊임없이 새로운 제품을 만들기 위해 연구했다. 매일 새로운 디자인을 만들고 다듬기에 그 노력에 충실하다면 우리가 트렌드를 주도할 수 있을 것으로 판단했다. 제품을 모방할 순 있어도 브랜드를 모방할 수는 없었다.

중국 진출 이후 그곳에서의 매출은 꾸준히 늘었다. 그 덕분에 상하이 공장으로 부족해져서 2006년에는 광둥성(廣東省)에 공장을 하나 더 짓게 되었다.

중국 마케팅 런칭 이후 3년 만에 점포 수는 74개로 늘어났다. 2012년에는 상하이 8곳을 비롯해 시안(西安), 난징(南京), 정저우(鄭州), 청두(成都) 등 37개 도시에 82개의 대리점을 운영했고, 2015년 현재도 매장은 물론 온라인 시장에서도 중국 전역으로 확산되고 있다.

각 대리점에서는 본사에서 직접 마케팅하여 관리하면서 인터바스 제품만 판매한다. 그만큼 본사와 운명을 같이 하기에 결속력이 뛰어났다. 그 점이 바로 중국 전역에 퍼져있는 우리 대리점들의 성공 요인이었다.

중국 대리점들에 늘 고마운 것이 있다. 그들은 제품의 가격을 낮추어 달라고 요청하기보다는, 품질과 디자인이 더 좋은 제품을 개발해 달라는 요구하곤 했다. '보여주고 싶은 욕실 interbath!'라는 가치를 내세운 우리 입장에서는 신명 나는 요청이 아닐 수 없다.

일본, 대만, 중국, 한국, 두바이, 말레이시아, 인도, 필리핀, 베트남 등지에서 180여 개의 체인점을 운영하고 있으니, 현재 중국의 비중은 매우 크다고 할 수 있다.

중국에서 성공한 기업과 실패한 기업에는 단 하나의 차이가 있다. 자신이 잘하는 것을 더 잘하려고 노력한 기업은 성공한다. 하지만 자신이 잘하는 것을 보지 못하고 그저 남들이 잘하는 것을 따라한 기업과 다른 곳에 눈을 돌린 업체는 많이 버거워 한다. 나와 인터바스는 가장 잘하는 것을 가장 열심히 하려고 늘 노력하고 있다.

어느덧 나는 중국의 국제도시 상하이를 13년 동안 오가면서 살고 있다. 해외진출 작업이 안정화 국면에 들어선 지금 돌이켜보면, 어렵더라도 해외에 기반을 잡아놓는 것이 그 기업의 가능성을 무한대로 증폭시킨다고 생각한다. 무수히 많은 시장 중 한 곳의 해외시장에 주로 매진하고 있는데도 그렇다. 지금 세계 어딘가에 미처 발견하지 못한 금맥의 광산이 숨겨져 있을 것이다. 한국에서만 찾으려고 하면 한계가 있다. 동네에서 작은 장사를 해서도 평생 먹을 돈을 벌 수 있다지만 그 이상을 생각한다면 한번쯤 세상을 향해 포효해보는 것도 괜찮다.

:: 기업인은 아이디어와 열정의 국가대표다

사장은 단순히 국내의 사장이 아니라 국가대표 사장이 되어보려는 꿈을 지녀도 좋다. 축구나 피겨스케이팅을 잘하지는 않지만, 아이디어와 열정이라는 분야에서만큼은 그 누구에게도 뒤지지 않을 자신 있는 사장들은 즐비하다. 그들이 해외의 큰 시장으로 나아가 국위선양을 하는 일이 더 많아지길 바란다.

작은 기업으로서 해외 작은 기업들과 합작 브랜드를 만들어 각 나라에서 성공시키는 것도 괜찮다. 우리의 경우엔 사업 초창기 때 태국의 K공장과 협력 관계를 잘 구축하면서 해외 진출의 교두보를 마련하는 성과를 올리기도 했다. 자기 회사가 작다고 아예 시도조차 하지 않으면 영원히 작은 채로 더 성장하지 못한다.

잘 찾아보면 자신과 이해관계가 맞는 해외업체를 찾을 수 있다. 그들과 협력한다면, 서로가 상생할 수 있는 효과적인 방안을 도출할 수 있다.

아이디어를 발굴해서 현실화시키는 것은 열정 있는 사장들의 장기 아닌가? 그러니 국가대표 마크를 달고 좁은 한국 시장을 넘어 넓은 시장에서 한국 기업의 가능성을 증명하면 좋을 것이다. 현지에서 철저히 현지 기업이 되어도 좋다. 그러면서 그곳의 한인 사회를 지원해주어도 좋을 것이다. 한인들이 그곳의 당당한 시민으로 뿌리를 내릴 때 다른 기업인들이 더 수월히 진출할 길이 열리게 된다.

이외에도 한국과 해당 나라의 경제를 함께 발전시켜줄 수많은 아이디어가 태어날 여지는 충분하다. 사장의 머리가 생동한다면 그 어떤 가능성도 열려 있다.

결코 우리의 브레인이 유출되는 것이 아니다. 우리가 잘하는 것으로 시장을 넓히고 한인들의 활동무대를 넓히는 것이다. 화교가 전 세계로 뻗어나갔듯, 우리의 사장들도 아이디어와 열정으로 무장한 채 세계를 상대로 도전하는 일이 더 많아지고 꾸준해지길 바란다.

사장의 성공 열망과 아이디어는 생동한다

　미국의 수필가이자 시인이며 철학가인 랠프 월도 에머슨은 "최선을 다하라. 그것이 전부다."라고 말했다. 무엇을 하든 최선을 다하는 수밖에 없다. 최선을 다했다면 실패를 해도 후회하지 않지만 최선을 다하지 않았다면 성공해놓고도 아쉬움이 남는다. '좀 더 열심히 했다면 더 성공하지 않았을까' 하는 가정도 끝난 뒤에는 쓸데없는 미련이다. 최선을 다했다면 없었을 불필요한 감정 소모다.

　이러한 최선은 누구에게나 필요한 덕목이지만, 사장에게는 더더욱 필요한 덕목이다. 생존 경쟁의 사회에서 가장 스릴 넘치는 게임을 하는 사람이 사장이다.

　특히 작은 기업 사장은 대기업처럼 튼튼한 버팀목이 없는 경우도 많다. 오로지 뚝심과 차별화된 경쟁력으로 밀어붙이면서 내일을 향해 한 발씩 전진한다. 매순간 최선을 다하지 않을 수 없다.

:: 아이디어를 가치로 만드는 능력이 있어야 한다

최선의 노력을 하다 보면 자신을 넘어서는 희열을 느낄 때
가 있다. 사장의 옷이 맞기 시작하는 순간이다. 스릴을 즐기고
'성공하고 싶다'는 열망 자체가 삶이 되는 순간이다. 이때 아이
디어는 생동한다. 직원들의 머릿속에 든 좋은 아이디어는 아예
입 밖으로 꺼내지 못하는 경우가 많다. 또 어렵게 꺼내더라도
상사의 비웃음에 주눅이 들어 쓰레기통으로 직행할 수도 있다.

그것이 사장에게 오면 기적처럼 살아나기도 한다. 사장은 느
낌이 오는 아이디어를 어떻게 살려볼지 이리저리 굴려보면서
마치 3D영화를 찍듯 치열하게 고민하곤 한다. 그러다 보면 '아
프리카에는 사람들이 신발을 안 신기 때문에 못 파는 것이 아
니라, 바로 신발을 안 신기 때문에 엄청난 시장이 있다.'면서
절묘한 발상의 전환으로 기적을 행하기도 한다. 죽은 줄 알았
던 아이디어가 되살아나는 것이다.

사장은 능동적이어야 하고 그런 사람일수록 앞서 가고자 하
는 욕구도 강하다. 자연히 남보다 낫기 위해 혁신적인 생각을
하려고 하고, 그러한 이들에게 걸린 좋은 아이디어는 생동하곤
한다. 성공했을 때 거둘 수 있는 수익만 생각해도 동기 부여가
잘 된다. 또 사회적 기여까지 주도적으로 해낼 생각을 하면 사

장은 세상의 주인공이 된 듯한 기분도 든다.

자연히 스스로 창업하여 각자의 아이디어를 살리려 할 때 국가에도 유익한 아이디어가 현실화될 가능성은 높아진다. 우리 모두는 잠재력이 있어서 저마다 1~2개쯤의 경쟁력 있는 아이디어를 갖고 있기 마련이다. 그것은 대개 현실에 부딪혀 사라지게 되는데, 그 아이디어의 주인이 사장이라면 기적같이 되살아나 세상을 놀라게 할 제품으로 거듭날 수도 있다.

집중하여 담금질한 아이디어는 당해낼 재간이 없는데, 사장은 그것이 자신의 생계나 성공과 직결하기에 열정적으로 임한다. 직원들이라면 정말 좋은 아이디어를 자기의 훗날을 위해 아껴둘 수도 있고, 자기에게 맡은 바 임무 내에서만 한정적으로 펼쳐 보일 수 있는 것에 반해, 사장은 다르다.

그렇기에 모두가 한번쯤 창업을 해보았으면 한다. 도저히 사장을 하고 싶지 않다면 그건 어쩔 수 없지만 가능하다면 도전해보라고 말하고 싶다. 그것은 개인을 위해서도 의미 있고, 그러한 생동하는 개인이 많다면 그런 국민이 사는 국가에도 유익한 일이다.

성공한 사장이 많은 사회는 독립적인 기풍과 자부심이 넘치는 사회다. 그러한 사람들은 자신이 이뤄왔던 경험이 있어 어떠한 고난이든 일단 부딪쳐서 해볼 만하다고 생각한다. 주눅들지 않아도 된다는 것을 이미 경험해서 안다. 당당하다. 고개 숙일 때는 이유가 있고, 누군가를 지켜낸 경험도 있다. 함께 살아가야 자신에게도 행복한 사회가 된다는 것을 안다. 그래서 성공한 사장이 많은 사회는 강건하다.

꿈꿀 수 있는 사회는 힘이 넘친다. 모두가 희망을 지니는 긍정적인 사회에는 작은 부자들의 신화가 있다. 건강한 가치를 지키면서 당당하게 자신을 세워갈 수 있는 풍토를 세우기 위해서는, 또 자본주의의 건강한 체질이 유지되기 위해서는 작은 부자들의 계층이 두꺼워져야 한다.

이러한 작은 부자는 서민과 선천적으로 다른 사람이 아니다. 후천적으로 자신의 운명을 경영한 사람들일 뿐이다. 작은 부자가 많다는 것은 자신의 운명을 개척해서 성공할 수 있는 사회라는 것을 뜻한다.

동네에서 성공한 빵집의 신화, 3대에 걸쳐 같은 음식을 만드는 전문음식점 이야기, 세계적인 특허를 획득한 회사원이 튼튼한 중소기업을 일으킨 일화 등 작은 부자들의 역동적인 삶을 표본으로 삼아서 자신의 운명도 디자인해보는 것은 어떨까?

작은 부자가 되려는 꿈은 마음먹기에 달려있다. 당신도 작은 부자가 될 자격이 있다.

나의 어린 시절

이 에필로그는 내게 소중한 의견을 자주 주시는 전다범 박사님과의 인터뷰 형식을 취했다. 주로 내 개인적인 경험이 사업을 할 때 어떻게 도움이 되었는지를 가볍게 질의 응답하는 형식이었다.

짧은 내용이지만 사장 지망생들에게 약간은 도움이 되리라고 판단했기에 에필로그에 남긴다.

Q 우선 이것부터 해야겠죠. 누구도 그냥 넘길 수 없는 호구조사죠. 사장님의 어렸을 적 가족 관계는 어떻게 되죠?

A 2남 1녀 중 차남으로 태어났습니다. 1960년생으로 서울 출생입니다. 친가와 외가가 충청도 전의 · 전동 · 조치원 · 대전등지에 살고 계셔서 어렸을 때 충청도에서

많은 시간을 보냈습니다. 아직도 충청도 사투리를 쓰고, 고향이 어디냐는 질문을 받으면 충청도라고 말합니다.

Q 학교는 서울에서 다니셨나요? 아니면 충청도에서 다니셨나요?

A 서울 동대문구 전농동에 있는 전동초등학교를 졸업하고 영등포에 있는 영도중학교를 나왔습니다. 그러다가 인천 제물포에 있는 선인고등학교를 다녔고요. 대학교의 경우 재수하여 천안에 있는 천원공업전문대 디자인과를 나왔습니다. 직장생활을 몇 년 하다가 호서대학교 영문학과로 편입하고 졸업했습니다.
대학 졸업 30년이 지난 후 중국북경대 e-MBA, 상해교통대 그리고 한양대 최고경영자 과정을 수료하였습니다.

Q 언뜻 들어보니 학교 다닐 때 공부를 못했다고요? 부모님께서 '맹모삼천지교(孟母三遷之敎)'를 하셨나 보네요. 아들이 공부를 못한다고 인천까지 가고요.

A 그런 셈이죠. (하하.) 부모님이야 훌륭한 분들이시고, 저는 부모님들 덕분에 비교적 유복한 환경에서 컸습니다. 어머니께서 교육열도 높았었죠. 제가 그 기대에 부응을 못해드렸기는 했지만요.

Q 문제아였나 보군요?

A 워낙 직접적으로 말씀하시니 답해드리자면, 공부만 하기 싫어했었을 뿐 운동과 친구들을 좋아하고 동인천역 근처에서 좀 유명했죠. 하지만 약한 애들에게 돈 뺏는 양아치들과 한판 붙기를 좋아하는 작은 깡패였다고 해야 할까요.

Q 대개 그렇게들 말하죠. (하하.)

A 이건 정말이에요. 전 정말 인기 있는 사람이 되고 싶었죠. 곧 죽어도 '폼생폼사' 하고 치사한 녀석들이 우리 동네에서 활개 치고 다니는 걸 눈 뜨고는 봐주기 어려웠죠. 제일 싫어하는 사람들이 비열한 사람이죠. 약한 사람 괴롭히고 강한 사람에게 굴종하는 녀석들 있잖아요. 그런 애들이 우리 동네 애들 돈 뜯고 다니는 걸 볼 수가 없었어요.

Q (하하.) 믿죠. 제가 봐도 그래 보이니까요.

A 어쨌든 부모님 속이 말이 아니었죠. 학교도 안 가고 그러니, 퇴학예정통지서를 세 번이나 받았어요. 남들은 한번 받기도 어려운 걸 말이죠.

Q 그 말 들으니 고등학교 생활이 정말 스펙터클했다는 느

낌이 오네요.

🅐 그래요. 그렇게 지내다 보니, 학교장 이름으로 된 상 하나를 받고 싶긴 하더라고요. 그런데 사실 제가 개근 상도 못 받고 성적 우수상도 받아본 적이 없죠. 아무리 생각해도 제가 받을 수 있는 상이 없었죠. 마침 퇴학 통지서가 집에 왔는데, 눈물 나게도 거기 떡 하니 교장 선생님 이름이 박혀 있지 않겠어요? 아무나 쉽게 받을 수 없는 퇴학 통지서였습니다.
이걸 받으려면 엄청난 배짱과 용기가 필요합니다. (하 하.) 부모님도 소환해야 하고요. 당시 선생님한테 엉덩 이 100대 맞은 기억이 나는군요.
돌이켜 보면 커다란 추억거리죠. 40년이 지난 지금도 퇴학 통지서를 보관하고 있으니까요.

🆀 아니, 그래도 그걸 그렇게까지 보관할 것까지야 있겠어요?

🅐 하기야 그리 생각하실 수도 있겠어요. 하지만 요즘도 종종 유용하게 써먹긴 하죠. 가끔 청소년 특강을 시작 할 때 주로 하는 멘트 소재로 이 일화를 활용하거든요. 누구든지 성공을 꿈꾸는 사람은 남과 달라야 하는데 '나는 남들이 갖고 있지 않은 것을 갖고 있다'며, 프로 젝트 화면에 퇴학 통지서를 띄우곤 하지요. 그것도 3 통이나요. 저는 아직도 4통 받은 사람은 못 만나 봤으 니까요.

Q 사장님 남자다운 거야 잘 아는데, 혹시 대학 생활 때도 이랬나요?

A (손사래를 치며) 아니오, 그렇지 않았죠. 대신 사람들을 이끌어보는 경험을 많이 하려고 했어요. 천안에 있는 천원전문공업대에 다닐 때 건전가요 동호회 회장을 하면서 160여 명의 회원과 함께한 것은 참 잊지 못할 경험이었습니다.
사람을 모으는 것부터 그들과 지속적으로 뭔가를 해냈던 건 지금 보면 아주 큰 경험이었어요.

Q 결코 조용한 성격은 아니었군요.

A 맞아요. 지금 생각해보면 뭐든 해보려고 하고, 친구들을 모아서 주도하는 걸 좋아했던 것 같습니다. 사람들을 조화롭게 이끄는 경험을 많이 한다면 사장이 되는 일에 큰 기초가 될 것 같습니다.

Q 그때도 사람들에게 인기가 좋았나 봐요? 어떻게 인기를 얻었죠?

A 뭐든 제가 한다고 하니 일단은 맡겨주는 거죠. 대개 쉬운 일 말고, 어려운 일을 도맡아 했어요. 솔직히 사람들은 귀찮은 일 잘 안하려고 하잖아요. 그러니 그런 일을 제가 자발적으로 맡아주면, 고마워하더라고요.

인기 있는 사람이 되고 싶으면 남들이 하기 싫어하는 일을 솔선수범하는 것이 필요한 듯합니다.

그리고 유머 감각도 중요합니다. 웃기는 얘기와 액션을 많이 하는 편이었습니다. 나 때문에 상대방이 즐거워하는 모습을 보면 기쁩니다. 나는 개그맨들을 무척 좋아하지요. 습관처럼 남 웃기는 것을 좋아해서 유머 소재를 늘 준비하며 살았지요.

Q 일이 잘 안 풀려서 문제가 생길 때 어떻게 하시나요?

A 뭐 어떻게 하긴요. 사람끼리 하는 일인데 안 되는 것이 어디 있겠어요. 될 때까지 찾아가고 될 때까지 애기합니다. 이기려고 하면 지지만, 져주면 안 되는 것이 없습니다. 오히려 져주면서 얻는 것도 많죠.

Q 그럴 때 스트레스 안 받는 법 있나요?

A 내가 힘들면 다른 사람은 얼마나 힘들겠나 싶어서 스스로를 위로합니다. 스트레스라는 단어는 거의 사용하지 않습니다. 문제가 꼬이면, 그 꼬인 실을 푸는 재미도 괜찮습니다. 푸는 재미가 있어야 희열도 제대로 느낄 수 있어요. 제 합기도와 태권도 단수를 합하면 총 7단이죠. 어렸을 때부터 무예를 수련하며 참는 법을 훈련한 덕분인지 잘 참는 편입니다.

Q 승부욕을 어떻게 펼쳤죠? 구체적으로 알고 싶은데요.

A 글쎄요, 갑자기 말하려니 생각이 안 나는데, 저는 자신과 게임하는 것을 좋아합니다. 그냥 골프를 예로 들게요. 원래 골프를 안 쳤는데, 뒤늦게 중국에서 사업상 배우게 되었습니다. 그래서 배웠죠. 속성으로 한 달 간 기초 스윙을 연습하고, 3개월 동안 아침 5시 30분에 집 근처 골프장에 나가서 혼자서 18홀을 돌곤 했어요. 매일 아침마다 목표를 정하곤 했죠.

예를 들어 '오늘은 90점을 쳐야겠다'고 목표를 정해두고는 조심스럽게 출발합니다. 그런데 목표를 높게 잡을 경우 5개 홀쯤 가서 이미 목표에 이르기 어려워지죠. 이미 양파와 트리플을 한번씩 하게 되면 90점 되기가 어려워지니까요. 그러면 다시 처음부터 시작하기 위해 캐디에게 첫 홀로 돌아가자고 합니다.

캐디는 '중간에 돌아가도 18홀 그린피를 다 지불해야 하니 18홀을 다 돌고 다시 시작하자'고 합니다. 하지만 어차피 90점을 칠 수 없는 나머지 홀을 돌고 싶지 않아 첫 홀로 되돌아가곤 했죠.

거기서 다시 새로 시작하고 중간쯤 지나서 90점이 안 될 상황이 되면 또 다시 첫 홀로 돌아가곤 했죠. 이런 식으로 첫 홀로 5번 되돌아간 적도 있었지요.

Q 아무리 봐도 원래 사장 체질인 것 같습니다만, 딱히 양변기 디자인 쪽에 발을 들여놓은 계기가 있나요? 사업을 하려면 다른 것도 많았을 텐데 말이죠.

A 직장생활을 할 때 타일 영업을 했으니 자연스럽게 제 사업도 같은 아이템을 선택하게 된 듯합니다. 또 시대적 흐름이 잘 맞았죠.당시 아파트 문화가 시작되었고 집 밖에 있던 변소(화장실)가 아파트 안으로 들어오고 있었죠. 그 자체가 신기하게 받아들여지던 시대였습니다. 화장실이 집안으로 들어와 주방과 거실 옆에 화장실이 있으니, 냄새도 나지 않는 깨끗한 환경이 필요할 것이라 생각했었지요.그래서 화장실 공간의 제품을 연구 개발하고 욕실 디자인을 앞세운다면 큰 성과가 있을 것이라고 생각했었습니다. 그래서 비행기 표 살돈만 있으면 유럽으로 날아가 선진국 화장실 욕실 문화를 공부하게 된 것이죠. 짧게나마 대학에서 디자인을 공부한 저로서는 즐거운 선택이었습니다.

Q 앞으로 어떤 계획이 있는지 알고 싶네요.

A 이제는 인터바스를 1등 토털인테리어 브랜드로 자리잡게 하고 싶습니다. 고객과 직접 대화를 나누며 고객의 라이프스타일과 Needs를 파악하여 만족 이상의 감동을 선사하는 화장실 문화 전문디자인 기업으로 인터바스를 일구고 싶습니다.

디자인은 감동이라고 생각합니다. 또한 비전이라고도 생각합니다. 감동이라는 세밀한 그림과 비전이라는 큰 그림이 화장실 문화를 디자인하는 데에 적용된다면 많은 이들이 우리를 더 오래 주목할 것으로 봅니다.

특히 고객의 의견을 얼마나 잘 청취하고 그들의 Needs에 반응하느냐에 따라 든든한 인터바스의 마니아층을 지속적으로 만들어낼 수 있다고 봅니다.

이를 위해 변함없이 창조적이고 선도적인 디자인의 제품을 개발하려고 늘 노력합니다. 또한 실용적인 제품의 보급에 늘 고민합니다. 아무리 명문대를 나오고 외국에 다녀온 인재라고 할지라도, 소비자의 마음을 흔들어 놓지 못한 디자인은 의미가 없다고 봅니다.

직접 고객의 마음을 헤아려 고객의 마음과 대화하는 제품이어야 하죠.

동시에 고객을 새로운 미래로 이끄는 제품이면 더욱 좋습니다. 그것이야말로 인터바스의 철학입니다. 즉 함께하는 세상에서 우리 인터바스는 단순히 제품을 시장에 공급하는 것이 아니라, 우리 문화의 발전에 기여하기를 바랍니다. 그래서 아름다운 화장실을 만들기 위해 꾸준히 노력하고 있습니다.

이러한 노력으로 고객의 마음을 울릴 수 있도록 전력을 다하겠습니다.그리고 또 한 가지, 화장실 문화를 함께 디자인할 수많은 후배들을 체계적으로 양성해보고 싶습니다. 그래서 우리 업계에 종사하는 사람들이 자부심을 지니고 일할 수 있는 분위기를 만들어보려고 합니다.

Q 사장이 되고자 하는 후배들에게 말해줄 만한 '센스 있는 사장이 되는 방법'이 있을까요?

A 여러 방법이 있겠지만 여기서는 네 가지만 말씀드리겠습니다.

· **첫째, 스스로 중심이 되고자 하는 생각을 해야 합니다.**
국가에서는 대통령의 중심역할이 있고, 학교에서는 학교장의 중심역할이 있습니다. 군대에서는 대장의 중심역할이 있고, 스포츠 팀에서는 감독의 중심역할이 있습니다. 오케스트라에서는 지휘자의 중심역할이 있고, 마찬가지로 회사에서는 사장의 중심역할이 있죠. 우리는 늘 우리 편이 중심에 있길 바랍니다. 하지만 정작 자신이 그 무리에서 중심인지는 잘 살피지 않는 것 같습니다. 사장이 되기 위해서는 매사 중심이 되는 생활 습관이 필요한 것 같습니다.
사장은 회사조직의 중심이고, 직원들이나 거래처로부터 그 중심을 모아나가는 일을 해야 하는 자리이기 때문이고, 그 중심의 역할에 따라 사업의 성패가 가려지기 때문입니다.

· 둘째, 사장이 되려면 평소에 밥값을 내는 습관을 지녀보는 것도 좋습니다.

밥값을 내는 것도 습관이고 얻어먹는 것도 습관입니다. 밥값을 낸다는 것은 돈이 많아서가 아니라 상대방을 배려하기 때문입니다. 얻기 위해서는 먼저 줘야 합니다. 사업에는 투자가 필요합니다. 어느 나라 사람이든 사람들 대부분은 얻어먹은 것 이상을 갚습니다.

· 셋째, 리더는 모범을 보여야 합니다.

사장은 혼자 하는 것이 아닙니다. 스태프 없는 사장은 있을 수 없죠. 사장은 그러한 스태프를 이끌어야 하고, 자신과 가치관을 공유하여 집단을 순조롭게 결집시킬 수 있도록 노력해야 합니다. 이때 사장이 인격적으로든 능력으로든 결함이 있다면 스태프를 순조롭게 이끌지 못할 것입니다. 그러면 사장이 세워놓은 목표는 제대로 성취될 수 없습니다. 리더로서 사장은 모두가 자연스럽게 따라오도록 하는 부드러운 권위를 세울 수 있어야 합니다.

· 넷째, 사장은 멘토가 필요합니다.

사장은 자신의 부족한 점을 꾸준히 파악해야 합니다. 이를 위해 아주 가까운 곳에서 멘토를 찾아야 하죠. 자신은 배울 것이 없다고 여긴다면 사장 자질이 부족한 것입니다.

매사 자기주장만 관철하려는 사람 역시 사장 될 자격이 부족해보입니다. 사장은 남의 이야기에 귀 기울일 줄 알아야 합니다. 그래야 자신을 끊임없이 개선할 수 있고, 부드럽지만 강한 권위가 자연스럽게 생깁니다.

Q 말씀 감사합니다. 워낙에 직접 겪은 경험이 생동감 넘쳐서 사장 지망생들에게 도움이 되었을 것으로 여깁니다.

A 저는 시대를 잘 만났고 운도 따른 사람입니다. 물론 제가 좋아하는 일을 잘 선택했다는 사실이 더 중요합니다. 또한 그 일이 먹고 살기 위한 일이 아니라, 취미처럼 즐기는 일이었다는 것 역시 매우 중요합니다.
취업 준비생들이나 사장 지망생들에게 당부하고 싶은 얘기는 단 한가지입니다. 돈 많이 벌 수 있는 아이템을 연구하기보다는 자신이 즐길 수 있는 아이템을 선택하여 집중한다면 반드시 뜻하는 프로가 될 것으로 믿습니다. 즐거운 일이 취미가 되고, 취미를 즐기다보면 특기가 되고, 프로가 될 수 있습니다.